珠海交通集团有限公司企业标准

珠海地区路桥工程软土地基处理技术指南

Technical Guide for Soft Soil Foundation Treatment of Road and Bridge Engineering in Zhuhai Area

Q/ZHJT 001—2020

主编单位：珠海交通集团有限公司

实施日期：2020－10－01

人民交通出版社股份有限公司

北　京

图书在版编目(CIP)数据

珠海地区路桥工程软土地基处理技术指南 / 珠海交通集团有限公司编. — 北京：人民交通出版社股份有限公司, 2020.12

ISBN 978-7-114-16918-2

Ⅰ. ①珠… Ⅱ. ①珠… Ⅲ. ①公路路基—软土地基—地基处理—指南 Ⅳ. ①U416.1-62

中国版本图书馆 CIP 数据核字(2020)第 211181 号

标准类型： 珠海交通集团有限公司企业标准
标准名称： 珠海地区路桥工程软土地基处理技术指南
标准编号： Q/ZHJT 001—2020
主编单位： 珠海交通集团有限公司
责任编辑： 谢海龙
责任校对： 赵媛媛
责任印制： 刘高彤
出版发行： 人民交通出版社股份有限公司
地　　址： (100011)北京市朝阳区安定门外外馆斜街 3 号
网　　址： http://www.ccpcl.com.cn
销售电话： (010)59757973
总 经 销： 人民交通出版社股份有限公司发行部
经　　销： 各地新华书店
印　　刷： 北京交通印务有限公司
开　　本： 880×1230　1/16
印　　张： 7.75
字　　数： 172 千
版　　次： 2020 年 12 月　第 1 版
印　　次： 2020 年 12 月　第 1 次印刷
书　　号： ISBN 978-7-114-16918-2
定　　价： 48.00 元

珠海交通集团有限公司文件

珠交通字〔2020〕173 号

珠海交通集团关于印发珠海地区路桥工程软土地基处理技术指南的通知

各部、室，二级公司，连接线管理中心：

为规范路桥工程软基处理的勘察、设计、施工、监测与检测工作，推进工程标准化管理，现将新编制的《珠海地区路桥工程软土地基处理技术指南》（Q/ZHJT 001—2020）印发给你们，请认真贯彻执行。

珠海交通集团有限公司

2020 年 8 月 28 日

珠海交通集团有限公司办公室　　　　2020 年 8 月 28 日印发

前　　言

随着粤港澳大湾区发展战略的实施，珠海作为联系中西部内陆与港澳的门户，高等级公路、铁路和大型市政交通工程等基础设施建设日渐增多，特别是路桥建设活动更为频繁。由于珠海为滨海深厚软土地区，软土分布广泛，具有含水率高、强度低、压缩性高、渗透系数小等鲜明的地区特征，而各参建单位来自全国各地，对珠海地区特殊的地质情况、软土地基处理技术的选择和应用认识不同，加之缺乏系统科学的工程建设地区指引，导致软土地基处理实践中出现一些工程质量通病，影响了路桥工程的全寿命周期造价，增加了建设管理难度。为此，珠海交通集团有限公司会同有关单位共同编制本技术指南，以更好地指导珠海地区路桥工程软土地基处理的勘察、设计、施工与检测，推进工程标准化管理，提升珠海地区软土地基工程设计、施工与管理水平。

在本技术指南编制过程中，编写组对珠海地区已建和在建的软土地基处理工程进行了较为全面的调研，总结了近十年来珠海软土地区路桥工程建设的实践经验，参考了国内外软土地基处理的科研成果和技术资料，广泛征求了业内有关单位和专家的意见。

本技术指南共8章，内容包括总则、术语和符号、基本规定、软土工程勘察、软土地基处理设计、软土地基处理施工、软土地基处理监测与检验、试验工程。

本技术指南在执行过程中如有意见或建议，请寄发至珠海交通集团有限公司（地址：广东省珠海市香洲区南屏镇南湾北路1号；联系人：李文聪；邮箱：zhjtjtzgs@163.com），以供下次修订时参考。

主 编 单 位：珠海交通集团有限公司

参 编 单 位：中南大学

珠海市规划设计研究院

中国有色金属长沙勘察设计研究院有限公司

中国铁建港航局集团有限公司

珠海交通工程技术有限公司

广东省珠海工程勘察院

珠海市交通勘察设计院有限公司

广东省交通规划设计研究院股份有限公司

湖南省交通规划勘察设计院有限公司

武汉谦诚桩工科技股份有限公司

主　　　编：陈维家　冷伍明

参 编 人 员： 门小雄　陈少幸　刘维正　李　栋　李　晖　谭祥韶　王　强
曾新雄　李忠志　高元柳　郭克诚　李文聪　魏丽敏　唐昌意
陈科强　张宇明　徐贤昭　张尤其　陈建民　李智文　吴佳林
熊俊豪　任伟伟　杨　奇　叶新宇　李东洋　袁洋洋　姜照容
江　栋　万家乐　葛孟源　吴章平　梅　冲

审 查 人 员： 黄　腾　刘吉福　王多让　谢松青　陈建春　姚　平　汪　旭

目　　录

1　总则

1.0.1　为指导珠海地区路桥工程软土地基处理的勘察、设计、施工、检测与试验，保证工程质量，提高工程投资效益，推进工程标准化管理，制定本指南。

1.0.2　本指南适用于珠海市新建、改扩建各等级公路路桥工程的软土地基处理工程及试验工程的设计、施工、监测、质量检验，市政道路工程软土地基处理工程、市外路桥软土地基处理工程可参照本指南。

1.0.3　公路路桥工程软土地基处理设计应根据公路的功能和等级，做到技术可行、经济合理、安全适用、保证质量、保护环境和节约资源。

1.0.4　公路路桥工程软土地基处理施工除应满足工程设计要求外，还应进行施工过程控制，宜采取信息化管理。

1.0.5　公路路桥工程软土地基处理，可采用经试验工程验证的新方法、新技术、新材料、新工艺和新设备。

1.0.6　珠海地区路桥工程软土地基处理除应符合本指南外，还应符合国家、地方现行规范和标准的有关规定。

2 术语和符号

2.1 术语

2.1.1 软土 soft soil

天然含水率高、天然孔隙比大、抗剪强度低、压缩性高的细粒土，包括淤泥、淤泥质土、泥炭、泥炭质土等。

2.1.2 淤泥 mud

在静水和缓慢流水环境中沉积、含水率大于液限、天然孔隙比大于或等于 1.5、含有机质的细粒土。

2.1.3 淤泥质土 muddy soil

在静水和缓慢流水环境中沉积、含水率大于液限、天然孔隙比大于或等于 1.0 且小于 1.5、含有机质的细粒土。

2.1.4 泥炭 peat

喜水植物枯萎后，在缺氧条件下经缓慢分解而形成的泥沼覆盖层。常为内陆湖沼沉积，有机质含量大于或等于 60%，大部分尚未完全分解，呈纤维状，孔隙比一般大于 10。

2.1.5 泥炭质土 peaty soil

有机质含量大于或等于 10% 且小于 60%，大部分完全分解。有臭味，呈黑泥状的细粒土和腐殖质土。

2.1.6 软土地基 soft ground

有软土层分布，在荷载作用下易产生失稳滑动或过大沉降变形的土质地基，简称“软基”。

2.1.7 复合地基 composite foundation

天然地基在地基处理过程中，部分土体被增强，或被置换，或在天然地基中设置加筋体，形成增强体，由增强体和周围地基土共同承担荷载的人工地基。

2.1.8 复合地基置换率 replacement ratio of composite foundation

单桩横截面积与单桩承载分担面积的比值。

2.1.9 路堤填筑临界高度 critical filling height of embankment

在天然地基状态下，不采取任何加固措施所容许的最大路堤快速填筑高度，又称“路堤极限填筑高度”，可采用附录 E 的方法进行计算。

2.1.10 容许工后沉降 permissible post-construction settlement

在上部设计荷载作用下，地基从路面竣工之日至路面设计使用年限末容许产生的沉降。

2.1.11 浅层处理 shallow treatment

通过置换、加筋、夯压、固化、设置褥垫层等方式对表层软土进行处理，以提高地基承载力的方法。

2.1.12 换填法 replacement cushion

清除浅部软土层，用稳定性好的土、石等材料部分或全部置换，经分层夯实，以提高地基承载力，减少沉降和不均匀沉降的地基处理方法。

2.1.13 工作垫层 working platform

为软土地基处理设备提供工作面的垫层。

2.1.14 褥垫层 cushion

用于调整桩土荷载比例的垫层。

2.1.15 堆载预压 surcharge preloading

在软土地基上施加荷载，促使地基排水、固结、压密，以提高地基强度，减少在设计荷载作用下产生工后沉降的处理方法。堆载预压分等载预压、超载预压和欠载预压。

2.1.16 真空预压 vacuum preloading

通过在软土地基中抽真空形成负压，加速地基排水固结的方法。

2.1.17 水载预压 water preloading

通过在软土地基上铺筑水袋，利用水袋中水的荷载作用，使地基中孔隙水排出，加速软土排水固结的地基处理方法。

2.1.18 真空联合堆载预压 vacuum-surcharge preloading

在真空预压的同时，结合路基填筑荷载的联合预压作用，达到加速软土地基固结，提高地基强度和稳定性的一种地基处理方法。

2.1.19 竖向排水体 vertical drain

在软土地基中设置的用于形成竖向排水通道、加速软土固结的排水体。

2.1.20 预压期 preloading period

路基完成全部预压荷载施加后，至卸载完成时所持续的时间。

2.1.21 路面设计使用年限内的沉降附加荷载 additional settlement load in design service life of pavement

路面完工至使用年限内发生沉降，为保持路面设计标高，后续加铺路面产生的荷载。

2.1.22 预压期沉降附加荷载 additional settlement load in preloading period

施工期间预压荷载在预压期内发生沉降，为保持预压土设计标高，后续填筑路基土产生的荷载。

2.1.23 水泥土搅拌桩 cement mixing pile

以水泥作为主要固化剂，利用搅拌机械将固化剂和地基土强制搅拌，使软土硬结成具有整体性、水稳定性和一定强度的一种桩体。

2.1.24 刚性桩 rigid pile

地基处理中桩土变形不协调、单桩竖向极限承载力不受桩身强度控制的胶结桩，主要包括预制管桩、素混凝土桩、水泥粉煤灰碎石桩（CFG 桩）、塑料套管混凝土桩（TC 桩）、钻机成孔灌注桩、薄壁筒桩等。

2.1.25 刚性桩复合地基 rigid pile composite foundation

刚性桩与桩间土共同承担荷载的人工地基。

2.1.26 桩承式加筋路堤 pile-supported reinforced embankment

在软土地基中按一定间距打设刚性桩，在桩顶端设置相应尺寸的桩帽（或称“托板”），并在桩帽顶面铺设土工合成材料加筋垫层，然后填筑形成的路堤。

2.1.27 负摩阻力和中性点 negative skin friction and neutral point

桩身周围土由于自重固结、地下水位下降、地面附加荷载等原因而产生大于桩身的沉降时，土对桩侧表面产生向下的摩擦力，称为负摩阻力。在桩身某一深度处的桩土位移量相等，该处称为中性点。中性点是正、负摩阻力的分界点。

2.1.28 气泡混合轻质土 foamed mixture lightweight soil

采用水泥、水、气泡等材料，按一定比例混合搅拌、凝固成型的一种现浇类气泡混合轻质材料。

2.1.29 动态设计方法 dynamic design method

根据施工过程中的反馈信息和监测资料，对设计参数及设计方案进行验证和优化的软土地基处理设计方法。

2.1.30 施工动态控制技术 dynamic control technology for construction

根据施工过程中的反馈信息和监测资料，对施工方案的安全性和合理性进行判断，动态跟踪和调整施工的控制技术。

2.2 符号

2.2.1 几何参数

d_e——竖向排水体有效排水直径；

d_w——竖向排水体直径（当量直径）。

2.2.2 作用和作用效应

S_∞——最终沉降量；

S_0——路面设计使用年限内地基发生的总沉降量；

S_p——工后沉降量；

S_d——瞬时沉降量；

S_c——主固结沉降量；

S_s——次固结沉降量；

U——地基平均固结度；

U_v——地基竖向平均固结度；

U_r——地基径向平均固结度；

u——孔隙水压力。

2.2.3 抗力和材料性能

S_u——十字板抗剪强度；

c_q、φ_q——直接快剪试验黏聚力与内摩擦角；

c_g、φ_g——固结快剪试验黏聚力与内摩擦角；

c_{uu}、φ_{uu}——三轴不固结不排水试验黏聚力与内摩擦角；
c_{cu}、φ_{cu}——三轴固结不排水试验黏聚力与内摩擦角；
c_{cd}、φ_{cq}——三轴固结排水试验黏聚力与内摩擦角；
c'、φ'——三轴试验有效黏聚力与有效内摩擦角；
E_s——压缩模量；
p_c——先期固结压力；
τ_{ps}——桩土复合地基抗剪强度；
τ_p——桩体抗剪强度；
τ_s——土体抗剪强度；
E_{ps}——桩土复合压缩模量；
E_p——桩体压缩模量；
f_{cu}——水泥土立方体试块的无侧限抗压强度；
q_u——软土试样的无侧限抗压强度；
f_{ak}——地基承载力特征值；
f_{spk}——复合地基承载力特征值；
f_{pk}——桩体承载力特征值；
f_{sk}——处理后桩间土承载力特征值。

2.2.4 计算系数

F_s——路堤稳定安全系数；
m_i——地基土层强度增长系数；
α——压缩系数；
k——渗透系数；
C_v——竖直固结系数；
C_h——水平固结系数；
C_c——压缩指数；
C_s——回弹指数；
C_a——次固结系数；
ψ——沉降系数；
υ——泊松比；
μ_s——桩间土应力折减系数；
m——桩土面积置换率；
n——桩土应力比。

3 基本规定

3.0.1 初步设计阶段，软土厚度大于25m且路堤高度超过天然地基极限填土高度的路段，应结合路线方案与桥梁进行方案比选。

3.0.2 软土地基的工程地质勘察，应调查搜集沿线地形、地质、水文、气象、地震等资料，采用钻探、原位测试与室内试验相结合的方法，查明软土的工程性质，编制工程地质勘察报告，为设计和施工提供依据。在选择软土地基处理方案前，根据设计要求还应收集和调查以下内容：

1 路线纵横断面及桥梁、通道、涵洞的布设等各相关专业的设计资料。

2 软土路段两侧附近的已有构筑物、管线等环境状况。

3 路堤填筑材料的来源、特性等情况。

4 附近公路、铁路、水利工程的软土地基处理相关经验和情况。

5 改扩建路段原有路基软土处理方法和沉降情况。

3.0.3 在软土地基处理方案选择中，应优先考虑排水固结预压处理方法，在预压处理受限情况下可采用其他处理方法。

3.0.4 软土地基处理路段的划分，应综合考虑软土空间分布与性质、填土高度、结构物分布和类型等因素，分段长度宜为50~200m；如附近有结构物，或地质状况和路堤高度剧烈变化时，可适当缩短分段长度。

3.0.5 软土地基处理设计应采用动态设计方法，应进行施工监测与分析。当工程性质复杂、无类似的工程经验可借鉴时，应选择合适的试验段，对软土地基处理方案进行试验研究，以检验处理效果和修正、完善地基处理设计参数，选择合适的施工工艺。

3.0.6 软土地基处理设计应进行软土地基的沉降分析工作，必要时应采用有限元等数值分析方法进行计算。沉降计算应考虑路堤在施工期与预压期由于地基沉降需补方的填料增重的影响。公路软土地基在路面设计使用年限内的工后沉降应满足表3.0.6的要求。存在沉降差异的过渡段，差异沉降应控制在5cm以内，且沉降渐变率应满足相邻路段差异沉降引起的纵坡变化在0.4%以内。

表 3.0.6 路基工后沉降控制标准（单位：m）

公路等级	路段类型		
	与桥梁相邻路段	涵洞、通道处	一般路段
高速公路、一级公路	≤0.10	≤0.20	≤0.30
二级公路（作为干线公路时）	≤0.20	≤0.30	≤0.50

注：二级非干线及二级以下公路工后沉降控制标准，经论证后可较二级干线公路适当放宽。

3.0.7 软土地基设计应进行路堤的稳定验算，一般采用固结有效应力法、改进总强度法，有条件时也可采用简化 Bishop 法；对于非圆弧滑动验算，宜采用 Janbu 法（普通条分法）。验算时按施工期和运营期的荷载分别计算安全系数。施工期的荷载包括路堤自重，运营期的荷载包括路堤自重、路面的增重及行车荷载。其稳定安全系数应大于或等于表 3.0.7 的规定值。

表 3.0.7 稳定安全系数值

采用指标	固结有效应力法		改进总强度法		简化 Bishop 法、Janbu 法
	不考虑固结	考虑固结	不考虑固结	考虑固结	
直接快剪	1.1	1.2	—	—	—
静力触探、十字板剪切	—	—	1.2	1.3	—
三轴有效剪切指标	—	—	—	—	1.4

注：表列稳定安全系数值未考虑地震影响；当需要考虑地震力时，表列稳定安全系数值减小 0.1。

3.0.8 软土地基处理施工前，施工单位应依据地基处理设计编制施工方案，进行施工工艺适用性试验，确定施工参数。施工技术人员应掌握所承接工程的地基处理目的、加固原理、施工工艺、技术要求及质量标准，并做好技术交底。

3.0.9 软土地基处理前，对于在施工过程中有质量检测或监测要求的，应委托有资质的专业单位制定施工过程质量检测和监测方案。地基处理施工中应由专人负责对施工全过程进行检测和监测，做好施工记录。

4 软土工程勘察

4.1 一般规定

4.1.1 软土包括淤泥、淤泥质土、泥炭、泥炭质土等，应按软土进行工程地质勘察。

4.1.2 软土地基承载力基本特征值f_{ak}应由载荷试验或其他原位测试取得。载荷试验等原位测试有困难时，f_{ak}可根据软土原状土的天然含水率按表4.1.2确定。

表4.1.2 承载力基本特征值f_{ak}的经验值

天然含水率w（%）	36	40	45	50	55	65	75
f_{ak}（kPa）	100	90	70～80	60～70	50～60	40～50	30～40

注：对于新填海造陆场地软土取中小值，对于内陆非海相沉积软土取中大值。

4.1.3 软土地区工程地质测试，应根据地层条件、构筑物的类型等选择室内测试项目和原位测试方法，并符合下列规定：

1 室内测试项目可按表4.1.3选用。

表4.1.3 软土室内测试项目表

测试项目		构筑物类型		备注
		路基	桥梁、涵洞	
颗粒分析		（+）	（+）	
天然含水率w（%）		+	+	
密度ρ（g/cm^3）		+	+	
土粒相对密度		（+）	（+）	按土类选做
液限w_L（%）		+	+	
塑限w_p（%）		+	+	
有机质含量（%）		+	+	
酸碱度pH		+	+	选代表样做
易溶盐含量（%）		+	（+）	盐渍化软土选做
压缩系数a（MPa^{-1}）		+	（+）	
固结系数	竖直C_v（cm^2/s）	+	+	
	水平C_h（cm^2/s）	+	+	

表 4.1.3（续）

测试项目			构筑物类型		备注
			路基	桥梁、涵洞	
先期固结压力 P_c（kPa）			+	+	按土层选做
渗透系数	垂直 k_v（cm/s）		+	+	
	水平 k_h（cm/s）		+	+	
直接快剪	黏聚力 c_q（kPa）		+	+	
	内摩擦角 φ_q（°）		+	+	
固结快剪	黏聚力 c_g（kPa）		+	+	
	内摩擦角 φ_g（°）		+	+	
三轴剪切试验	不固结不排水	黏聚力 c_{uu}（kPa）	+	+	按路段和土层选做
		内摩擦角 φ_{uu}（°）	+	+	
	固结不排水	黏聚力 c_{cu}（kPa）	+		
		内摩擦角 φ_{cu}（°）	+		
	固结排水	黏聚力 c_{cd}（kPa）	（+）		
		内摩擦角 φ_{cd}（°）	（+）		
无侧限抗压强度 q_u（kPa）			+	+	

注：+为必做项目；（+）为选做项目。

2　软土力学性质试验的加荷级别、试验的边界条件等，应与工程场地的环境条件相适应，并结合施工运营期的实际情况确定。

3　软土地区原位测试宜采用静力触探、十字板剪切试验、标准贯入试验、旁压试验、扁铲侧胀试验等原位测试方法。

4.1.4　软土工程地质勘察应查明下列内容：

1　地形地貌的成因、类型、分布和形态特征。

2　软土的成因、地质年代、分布范围、埋藏深度、地层结构和分层厚度。

3　地表硬壳层的分布范围和厚度、软土下卧硬层的起伏形态和横向坡度、地表硬壳层和下卧硬层的物理力学性质。

4　软土地层中的砂类土夹层或透镜体的分布范围、厚度、渗透性和密实程度。

5　软土的物理、力学、水理性质和地基的承载力。

6　古牛轭湖、埋藏谷，暗埋的塘、浜、沟、渠等的发育与分布情况。

7　地下水的类型、埋深、水位变化情况、水质及腐蚀性。

8　地震动峰值加速度大于或等于 $0.1g$ 的地区，软土产生震陷的可能性。

9　当地既有建筑物软土地基处治措施和经验等。

4.1.5　工程地质调绘应符合下列规定：

1　工程地质调绘应与路线及构筑物的设置结合，查明第 4.1.4 条要求的内容。

2　地貌单元的边界、山间盆地、山间沟谷地段等应布置调绘点。

3　可能有软土发育的沟谷及低洼地带，应辅以简易勘探手段进行工程地质调绘。

4.1.6　工程地质勘探应符合下列规定：

1　软土地区的工程地质勘探应采用简易勘探、挖探、钻探、静力触探等手段进行综合勘探。勘探测试点的数量和位置应根据地层条件、软土发育特点以及构筑物的类型、规模等确定。

2　勘探深度应符合下列规定：

1）路基及构筑物的浅基础，当软土厚度较小时，勘探深度应穿过软土层至下卧硬层内3~5m；当软土厚度较大时，欠固结软土勘探深度应穿过软土层至下卧硬土层内3~5m，正常固结软土勘探深度应不小于地基压缩层的计算深度或达到地基附加应力与地基土自重应力比为0.10~0.15时所对应的深度。

2）当路基采用管桩桩型、预制混凝土方桩、钻孔灌注桩等刚性桩复合地基方案时，控制性勘探孔深度应超过地基变形计算深度，一般性勘探孔深度应达到预估桩端以下3~5m。控制性勘探孔的比例不应少于勘探孔总数的1/3。

3）桥梁深基础的勘探深度应达桩端或基础持力层以下5~8m。

3　钻探、取样应符合下列规定：

1）在软土地层中采样，应严格控制钻探回次进尺，严禁扰动或改变试验样品的土体结构及含水状态。

2）取样前应清除孔内残留岩芯，并保持孔壁稳定。

3）软土取样应使用专用薄壁取土器，取样器长度不宜小于50cm，采用压入法或重锤少击法取样。

4）取土时，取土器的入土深度严禁大于取土器的有效长度。

5）软土层的取样间距，在0~10m的深度范围内，每1.5~2.0m应取样1件（组）；10m以下，每2.0~3.0m应取样1件（组），地层变化时应立即取样。

4.1.7　软土试样应妥善密封，防止湿度变化，严防曝晒或冰冻。在运输中应避免振动，保存时间不宜超过一周。

4.1.8　对不同成因的软土，应分段进行物理力学性质指标统计，并分段提供设计、施工所需岩土参数。

4.2　软土分布与分类

4.2.1　根据天然孔隙比和有机质含量，软土可按表4.2.1进行分类。

表 4.2.1　软土按天然孔隙比和有机质含量分类

指　　标	土　　类			
	淤泥质土	淤泥	泥炭质土	泥炭
天然孔隙比 e	$1.0 \leq e \leq 1.5$	$e > 1.5$	$e > 3$	$e > 10$
有机质含量（%）	<10	<10	10～60	>60

4.2.2　软土的结构性宜采用现场十字板剪切试验，也可采用无侧限抗压强度的试验方法测定其灵敏度（S_t），并按表 4.2.2 的规定进行判定。

表 4.2.2　软土的结构性分类

灵 敏 度 S_t	结构性分类	灵 敏 度 S_t	结构性分类
$2 < S_t \leq 4$	中灵敏性	$8 < S_t \leq 16$	极灵敏性
$4 < S_t \leq 8$	高灵敏性	$S_t > 16$	流性

注：无侧限抗压强度试验土样，应采用薄壁取土器取样。

4.2.3　珠海市软土沉积成因及分布规律见本指南附录 B。

4.3　一般路段工程勘察

4.3.1　工可勘察应符合下列规定：

1　工可勘察应初步查明公路沿线的工程地质条件和对公路建设规模有影响的工程地质问题，为编制工程可行性研究报告提供工程地质资料。

2　工可勘察应以资料收集和工程地质调绘为主，辅以必要的勘探手段，对项目建设各工程方案的工程地质条件进行研究，完成下列各项工作内容：

1）了解各线路走廊或通道的地形地貌、地层岩性、地质构造、水文地质条件、地震动参数、不良地质和特殊性岩土的类型、分布及发育规律。

2）初步查明沿线水库、矿区的分布情况及其与路线的关系。

3）查明控制路线及工程方案的不良地质和特殊性岩土的类型、性质、分布范围及发育规律。

4）查明技术复杂大桥桥位的地层岩性、地质构造、河床及岸坡的稳定性、不良地质和特殊性岩土的类型、性质、分布范围及发育规律。

5）初步查明筑路材料的分布、开采、运输条件，以及工程用水的水质、水源情况。

6）评价各路线走廊或通道的工程地质条件，分析存在的工程地质问题。

7）编制工程可行性研究阶段工程地质勘察报告。

3　遇有下列情况，当通过资料收集、工程地质调绘不能初步查明其工程地质条件时，应进行工程地质勘探：

1）控制路线及工程方案的不良地质和特殊性岩土路段。

2）特大桥、地质条件复杂的大桥等控制性工程。

3）跨江、海独立公路工程建设项目。

4 工可勘察报告应提供下列资料：

1）文字说明：应对公路沿线的地形地貌、地层岩性、地质构造、水文地质条件、新构造运动、地震动参数等基本地质条件进行说明；对不良地质和特殊性岩土，应阐明其类型、性质、分布范围、发育规律及其对公路工程的影响和避开的可能性；路线通过区域性储水构造或地下水排泄区，应对路线方案有重大影响的水文地质及工程地质问题进行充分论证、评价；特大桥及大桥等控制性工程，应按照进行论证、比选的工程方案，对工程地质条件进行说明、评价，提供工程方案论证、比选所需的岩土参数。

2）图表资料：1∶10000～1∶50000路线工程地质平面图；1∶10000～1∶50000路线工程地质纵断面图；1∶2000～1∶10000重要工点工程地质平面图；1∶2000～1∶10000重要工点工程地质断面图；附图、附表和照片等。

4.3.2 初步勘察应符合下列规定：

1 工程地质调绘应沿拟定的路线及其两侧各宽200m的带状范围进行，工程地质调绘的比例尺为1∶2000。

2 勘探测试除应符合第4.1.3、4.1.6条的规定外，还应符合下列规定：

1）路基勘探：勘探测试点应沿路线中线布置，平均间距可按表4.3.2选用。当软土厚度大、分布复杂时，应结合填土路基设计，分段布置横向勘探断面，并与静力触探、十字板剪切试验等原位测试结合进行综合勘探。

表4.3.2 初步勘察钻探点控制间距（单位：m）

场地类别	公路等级	钻探点控制间距
简单场地	二级及二级以上	300～500
	二级以下	500～600
复杂场地	二级及二级以上	150～300
	二级以下	300～400

注：表列数据为平均间距，勘探点应结合路线上的软土发育特点布置。

2）桥梁勘探：与路堤衔接的桥台部位宜布置勘探测试点进行勘察。

3 初步勘察应提供下列资料：

1）文字说明：应分段说明填、挖路段的工程地质条件。基底有软弱层发育的填方路段，应评价路堤产生过量沉降、不均匀沉降及剪切滑移的可能性。应对路线及构筑物场地的工程地质条件进行阐述，对第4.1.4条软土勘察要求查明的内容进行说明，分析、评价工程建设场地的适宜性，提出工程地质建议。

2）图表资料：1∶1000～1∶2000工程地质平面图；1∶1000～1∶2000工程地质纵断面图；1∶100～1∶400工程地质横断面图；1∶50～1∶200挖探（钻探）柱状图；岩土物理力学指标汇总表；水质分析资料；附图、附表和照片等。应对软土的类型、分布、工程地质性质等进行图示和说明。

4.3.3 详细勘察应符合下列规定：

1 详细勘察应对初步勘察工程地质调绘资料进行复核。当线位偏离初测线位或地质条件需进一步查明时，应进行补充工程地质调绘，调绘的比例尺为 1：2000。

2 详细勘察应充分利用初步勘察资料，在确定的路线及构筑物位置上进行，除应符合 4.3.2 条的规定外，还应符合下列规定：

1）路基勘探：勘探测试点宜沿路线中线布置，当一般路基的道路宽度大于 50m、其他路基形式的道路宽度大于 30m 时，宜在道路两侧交错布置勘探点。勘探点平均间距可按表 4.3.3 选用。软土分布复杂路段，应结合软土路基处治工程设计，分段布置横向勘探断面，并与静力触探、十字板剪切试验等结合进行综合勘探。当采用静力触探、十字板剪切试验作为原位测试方法时，每个场地不应少于 3 孔。

表 4.3.3 详细勘察钻探点控制间距（单位：m）

场地类别	公路等级	钻探点控制间距
简单场地	二级及二级以上	100～200
	二级以下	150～300
复杂场地	二级及二级以上	50～100
	二级以下	100～150

注：表列数据为平均间距，勘探点应结合路基填土高度及软土发育特点布置。

2）桥梁勘探：宜按墩台布置勘探钻孔，探明地基地质条件；与路堤衔接的桥台部位应布置勘探测试点进行勘察。

3）当线路通过沟、浜、淹埋的沟坑和古河道等地段时，应采用小螺孔、静力触探等手段。勘探点间距宜控制在 20～40m，控制边界线勘探点间距可适当加密。

3 详细勘察应按第 4.3.2 条的规定提供资料。

5 软土地基处理设计

5.1 一般规定

5.1.1 软土地基处理设计应按地质资料准备、设计路段划分、处理方案设计的流程进行。

5.1.2 各设计路段的软土参数应根据工程地质勘察报告的有关内容，以相同地质单元区段为单位，对沉降计算和稳定验算所需要的物理、力学参数进行统计分析确定；对于缺失的参数，可通过其他参数的综合对比分析并结合地区经验确定。

5.1.3 软土地基处理的方案设计应按照技术可行、因地制宜、造价经济、工期合理、施工简便的原则进行。对软土性质差、地基条件复杂或有特殊要求的地基处理工程，可采用两种或两种以上措施进行综合处理。

5.1.4 现有公路拓宽改建时，拓宽部分的工后沉降应满足表3.0.6中“与桥梁相邻路段”规定值的0.5倍，且拓宽路堤的路拱横坡度工后相对于交工时的增大值不应大于0.5%。

5.1.5 处理与未处理以及不同地基处理方案衔接处应缓和过渡，工后差异沉降应控制在5cm以内。相邻路段差异沉降引起的纵坡变化应控制在0.4%以内。采用排水预压法处理软土地基，卸载前结构物附近路基工后差异沉降率应满足表5.1.5的规定。

表5.1.5 结构物附近容许工后差异沉降率建议值

设计行车速度（km/h）	110	80	60
i_{sa}（‰）	5	6	8

5.1.6 复杂场地软土地基处理施工过程中应加强动态观测，收集影响设计的各种因素及变化情况，及时制订相应方案，保证安全。

5.1.7 软土地基处理设计，应根据确定的设计方案编制特殊路基设计表。表中应包括处理路段的起讫桩号、路段长度、处理方案、总沉降、预压期沉降、工后沉降、预压设计高度及处理方案的工程数量等内容。

5.2 换填法

5.2.1 分类及一般规定：

1 根据换填方式不同，换填法可分为开挖换填法和强制换填法。开挖换填法根据换填材料不同，又可分为常规的换填垫层法和换填轻质土法；强制换填法根据施工方式不同，又可分为抛石挤淤法和爆炸挤淤法。

2 一般规定：

1）换填法适用于填料充足、弃土场易于解决的路段；一般换填深度宜小于3m，泥炭土、高有机质土地基或山区谷地换填深度可适当增大；抛石挤淤法一般换填深度不宜超过3m，爆炸挤淤法一般换填深度不宜大于15m；深厚软土地基浅层非常软弱或有机质含量较高时，也可采用换填法与排水固结法联合使用。

2）换填设计的主要内容应包括换填基坑的边坡坡率、换填材料的选择、填筑的要求等。换填方案应根据地质资料、设计路段要求进行划分，还应进行换填过程中、换填后的稳定性验算。

3）设计说明中应明确施工工序，提出施工工艺的要求及施工注意事项，确保施工质量。应加强动态化设计，精细化施工。

5.2.2 换填设计

1 换填垫层法

1）适用范围

换填垫层法适用于表层软土厚度小于3.0m的浅层软弱地基处理。

2）设计

换填垫层法的垫层类型按材料不同可分为碎石垫层、砂砾垫层、石屑垫层等。起排水作用的碎石垫层、砂砾垫层的厚度宜为0.5m，不应小于0.3m，并应满足地基固结排水所需要的排水能力要求。垫层宜满铺，且两侧各宽出路堤底宽0.5～1.0m。当路堤较宽且排水距离长，或预计有大量地下水渗出，仅靠排水垫层不能完全满足排水需要时，可在适当位置设置排水盲沟。

（1）设置小型构造物处，浅层处理法换填垫层的厚度宜根据构造物的要求确定，并符合式（5.2.2-1）～式（5.2.2-3）的要求。

$$P_z + P_{cz} \leqslant f_{ak} \tag{5.2.2-1}$$

$$P_z = \frac{b\ (p_k - p_c)}{b + 2z\tan\theta} \quad \text{（条形基础）} \tag{5.2.2-2}$$

$$P_z = \frac{bl\ (p_k - p_c)}{(b + 2z\tan\theta)\ (l + 2z\tan\theta)} \quad \text{（矩形基础）} \tag{5.2.2-3}$$

式中：P_z——相应于荷载效应标准组合时，垫层底面处的附加应力（kPa）；

P_{cz}——垫层底面土的自重应力（kPa）；

f_{ak}——垫层底面经深度修正后的地基承载力特征值（kPa）；

b——矩形基础或条形基础底面的宽度（m）；

l——矩形基础或条形基础底面的长度（m）；

p_k——相应于荷载效应标准组合时，基础底面的平均应力（kPa）；

p_c——基础底面土的自重应力（kPa）；

z——基础底面下垫层的厚度（m）；

θ——垫层的应力扩散角（°），宜通过试验确定，无试验资料时可按表 5.2.2-1 取用。

表 5.2.2-1　应力扩散角（单位：°）

z/b	换填材料		
	中砂、粗砂、砾砂、圆砾、角砾、石屑、碎石、矿渣	粉煤灰	灰土
0.25	20	6	28
≥0.50	30	23	

注：1. 当 $z/b<0.25$ 时，除灰土取 $\theta=28°$ 外，其余材料均取 $\theta=0°$；必要时，宜由试验确定。

2. 当 $0.25<z/b<0.5$ 时，θ 值可线性内插。

（2）垫层底面的宽度 b' 应满足基础底面应力扩散的要求，可按式（5.2.2-4）确定。

$$b'\geqslant b+2z\tan\theta \tag{5.2.2-4}$$

式中：θ——应力扩散角（°），可按表 5.2.2-1 取用；当 $z/b<0.25$ 时，仍按 $z/b=0.25$ 取值。

（3）垫层的承载力宜通过现场载荷试验确定，并应进行下卧层承载力的验算。当缺乏资料时，垫层的承载力可参考表 5.2.2-2 确定。

表 5.2.2-2　垫层承载力（单位：kPa）

换填材料	承载力特征值 f_{ak}
碎石	200～300
砂夹石（其中碎石占全重的 30%～50%）	200～250
土夹石（其中碎石占全重的 30%～50%）	150～200
中砂、粗砂、砾砂、圆砾、角砾	150～200
石屑	120～150
灰土	200～250
粉煤灰	120～150
矿渣	200～300

注：1. 下卧层较软弱的垫层，承载力特征值取低值，反之取高值。

2. 原状矿渣垫层取低值，分级矿渣或混合矿渣垫层取高值。

（4）垫层顶面的压实度要求应与相同层次的路堤填料压实度要求相同。

2　换填轻质土法

1）适用范围

轻质土换填适用于软土性质较差、需要较大幅度减轻荷载的路段。换填深度较大时经济性较差，需结合工程实际进行比选。

2）设计

（1）轻质土浇筑体底宽应不小于浇筑体高度的0.2倍，且不小于2.0m。

（2）当轻质土在某一方向长度较大或地面形态有突变时，宜设置变形缝。变形缝间距宜为10～20m，填缝板可采用普通的木板或夹板，厚度不宜超过20mm。

（3）轻质土的重度应根据工程的具体需要进行设计。当用于地下水位以下时，重度不宜小于10kN/m³，并应进行抗浮验算。

（4）轻质土的设计无侧限抗压强度不宜小于400kPa。

（5）轻质土的配合比应根据设计强度、湿重度及流动值要求等进行设计。

（6）当轻质土置于平面与斜面交界处时，可将其分成坡前和坡上两部分计算滑动力和抗滑力，底面抗滑稳定性可参考图5.2.2，按式（5.2.2-5）验算。

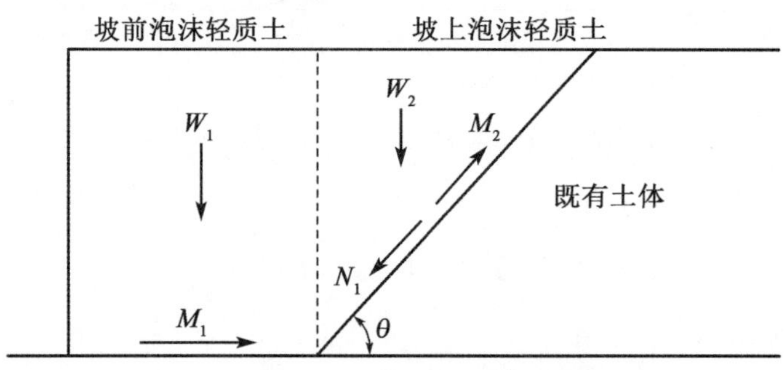

图5.2.2　轻质土换填抗滑稳定性验算示意图

$$F_s=\frac{M_1+M_2\cos\theta}{N_1\cos\theta}=\frac{fW_1+fW_2\cos\theta\cos\theta}{W_2\sin\theta\cos\theta}\geqslant 1.3 \tag{5.2.2-5}$$

式中：M_1——沿水平面的抗滑力（kN）；

M_2——沿斜坡面的抗滑力（kN）；

N_1——沿斜坡面的下滑力（kN）；

W_1——坡前泡沫轻质土的自重及上部荷载（kN）；

W_2——坡上泡沫轻质土的自重及上部荷载（kN）；

θ——斜坡面与水平面交角（°）；

f——轻质土与地基土的摩擦系数，无实测资料时可取0.5，当轻质土与地基之间铺设防水土工布时，应通过试验确定轻质土与地基的摩擦系数。

5.3　排水固结法

5.3.1　适用条件及工艺选择

1）项目建设工期满足排水固结法预压期的要求。

2）排水垫层堆载预压法，适用于软土位于地表且厚度小于3m的路段；软土深度小于4m且地表有不透水层时，可采用渗沟预压法。对于远离结构物、路堤高度小或软土层下面为透水层的路段，适用的软土厚度可适当增大。

3）软土深度大于4m时，宜采用竖向排水体预压法。

4）堆载预压法一般适用于路堤高度小于6m的软土路基。

5）当路堤的设计荷载超过真空预压的压力时，可采用真空联合堆载预压法。真空联合堆载预压法一般适用于路堤高度小于8m的软土地基。公路附近有建筑物时，应慎用真空联合堆载预压法。

6）一般路段软土深度宜小于25m。

7）排水固结法处理宽度应不小于路堤底宽。

5.3.2 设计

1 主要设计内容

1）确定排水垫层的构造、宽度、厚度、材料及技术要求；确定真空联合堆载预压的真空管网结构、密封措施和技术要求。

2）确定竖向排水体的类型、截面尺寸、排列方式、间距、深度和处理范围。

3）确定是否设置加筋材料和反压护道。

4）确定预压荷载、加载计划、预压时间和卸载标准。

5）监测设计。

6）根据监测资料动态调整设计参数。

2 水平排水系统

1）排水垫层宜采用中粗砂、碎石，砂垫层的干密度应大于$1.5\mathrm{t/m^3}$，渗透系数宜大于$5\times10^{-3}\mathrm{cm/s}$，含泥量应小于5%。排水垫层厚度宜为0.4～0.6m，水下排水垫层厚度不宜小于1.0m；底面宽度应满足式（5.3.2-1）要求。

$$w_c = w_f + 2m_s S_f + 2\Delta w + 2 \tag{5.3.2-1}$$

式中：w_c——排水垫层设计宽度（m）；

w_f——路堤设计底宽（m）；

m_s——设计边坡值（边坡坡率的倒数）；

S_f——加宽后路堤坡脚沉降量（m），通常为路中沉降量的20%～40%，如果设置了工作垫层，则应将S_f减去工作垫层厚度；

Δw——保证路堤碾压质量需要的路堤加宽值（m），通常取0.3～0.5m。

2）渗沟宜横向布置。渗沟与竖向排水体联合应用时，间距宜与竖向排水体相同，尺寸宜采用（30～50）cm×（30～50）cm。渗沟单独应用时，间距宜3～4m，宽度宜0.6～1.2m，深度应小于软土自稳高度。

3）采用排水垫层代替工作垫层时，排水垫层下宜铺设一层无纺土工布。

4）排水垫层宽度大于40m时，宜在路中线附近设置集水井，并采用水位自动控制水泵抽水。

5）对于真空联合堆载预压工程，路基底宽大于30m时，抽真空管网宜采用双侧布置主管的方式。主管宜采用直径50～90mm的硬质聚氯乙烯（PVC）管，主管不打孔；支管宜采用直径50～75mm的柔性塑料波纹管。支管间距宜为5～6m，支管上每5cm钻一个直径8～10mm的小孔，支管外包透水土工布。

6）根据珠海地区经验，可以采用无水平排水垫层的管板连接直排，宜设置20cm的工作垫层。

7）为提高路堤的整体稳定性和垫层的排水性能，可在水平排水垫层底设置土工合成材料。

3　竖向排水系统

1）竖向排水体可采用塑料排水板或袋装砂井，优先采用塑料排水板。

2）塑料排水板应由原生材料制作并可测深度。排水板当量直径按式（5.3.2-2）计算。

$$d_w = \frac{2(b+\delta)}{\pi} \tag{5.3.2-2}$$

式中：d_w——塑料排水板当量直径（mm）；

b——塑料排水板宽度（mm）；

δ——塑料排水板厚度（mm）。

3）袋装砂井直径宜为70～100mm，聚丙烯编织布渗透系数应不小于1×10^{-2}cm/s，抗拉强度和缝合强度应不小于15kN/m，有效孔径O_{95}应小于0.075mm。中粗砂含泥量应不大于3%，透系数应大于5×10^{-3}cm/s。

4）竖向排水体的平面布置可采用等边三角形或正方形排列。每根竖向排水体的有效影响圆直径d_e和竖向排水体中心距s的关系宜按式（5.3.2-3）、式（5.3.2-4）规定采用。

正方形布置：

$$d_e = 1.13s \tag{5.3.2-3}$$

等边三角形：

$$d_e = 1.05s \tag{5.3.2-4}$$

5）竖向排水体的设计间距应满足工程设计对固结度的要求，可结合工程经验按式（5.3.2-5）初步确定。塑料排水板的设计间距宜在1.0～1.5m内选用。

$$s = \left[\frac{6.5C_h t_a}{\ln\left(\frac{s}{d_w}\right)\times\ln\left(\frac{0.8}{1-U_{rz}}\right)}\right]^{0.5} \tag{5.3.2-5}$$

式中：s——竖向排水体的布置间距（cm）；

C_h——地基土的水平向固结系数（cm²/s）；

t_a——工程允许的固结时间（s）；

U_{rz}——工程要求达到的固结度（%）；

d_w——竖向排水体的等效直径（cm）。

6）竖向排水体加固宽度应不小于路堤底宽。

7）当采用盲沟代替排水垫层或采用管板连接时，竖向排水体宜采用正方形布置。

8）塑料排水板纵向通水量 q_w 不宜小于式（5.3.2-6）计算的纵向通水量需求 q_{wr}。

$$q_{wr} \geqslant 7.85 F_s k_h L^2 \tag{5.3.2-6}$$

式中：q_{wr}——竖向排水体纵向通水量需求（cm^3/s）；

F_s——安全系数，$L<1000cm$ 时 $F_s=4$，$1000<L<2000cm$ 时 $F_s=5$，$L>2000cm$ 时，$F_s=6$；

k_h——原状土水平渗透系数（cm/s）；

L——竖向排水体长度（cm）。

9）竖向排水体的深度应符合以下规定：

（1）路堤高度大于天然地基极限填土高度的路段，竖井深度应大于最危险滑动面以下2.0m。

（2）根据地基的稳定性、变形要求和工期确定。软土深度小于25m时：

①采用堆载预压时宜穿透软土层；

②采用真空预压或真空联合堆载预压时，下卧层为不透水层时应打穿软土，下卧层为透水层时应在板端采取隔离措施。

10）对采用挤土方式施工的竖向排水体，应考虑涂抹对土体固结度的影响。当竖向排水体的纵向通水量与天然土层水平向渗透系数的比值较小，且长度较长时，尚应考虑井阻影响。

11）对竖向排水体未穿透压缩土层的地基，应分别计算竖向排水体所穿透土层的平均固结度和竖向排水体底面以下附加应力与自重应力之比大于0.15土层的平均固结度。

4　隔离与密封系统

1）对既有公路、建筑物的影响较大时，应调整处理方案或设置隔离墙。

2）密封膜宜设置2～3层，密封膜上下宜各铺1层保护土工布，其指标宜参照表5.3.2-1。密封沟应进入地下水位以下的黏土层0.5m以上，且底宽大于0.5m。

表5.3.2-1　密封膜性能指标建议值

项目	厚度（mm）	拉伸强度（MPa）		断裂伸长率（%）	直角撕裂强度（N/mm）	渗透系数（cm/s）
		纵向	横向			
指标	0.12～0.14	≥15	≥15	≥200	≥80	$\leqslant 10^{-11}$
		试样为50mm宽				

3）地基处理深度范围内强透水层深度大于2m且开挖密封沟容易坍塌时，应采用黏土密封墙等措施进行深层密封。加固区底部存在强透水层时，竖向排水体应与强透水层隔离。设置黏土密封墙时，黏土密封墙厚度不宜小于1.2m，拌和后墙体的黏粒含量应大于15%，渗透系数应小于 1.0×10^{-5}cm/s，大面积施工前应通过试验确定黏土掺入量。设置密封墙时，密封沟宜设置在密封墙顶部。

5　预压期与荷载系统

1）根据预压期和运营期作用在地基上荷载的大小，预压分为欠载预压、等载预压和超载预压。等载应取车荷载、路面自重荷载、路堤自重荷载、路面设计使用年限内的沉降附加荷载以及预压期沉降荷载之和。预压荷载应根据软土性质、路堤设计高度、填料情况及施工工期等确定。

2）桥台、涵洞、通道附近的路段，宜超载预压。为减少交通荷载的影响，低路堤宜超载预压。

3）超载厚度、预压时间，宜使软土层相对等载的固结度大于1，超载厚度宜1～2m，超载土方压实度宜大于85%，超载后的路基稳定安全系数仍应满足规范要求。每个超载路段长度宜大于50m。

4）实际预压时间应根据施工监测确定，卸载前结构物附近路基应同时满足沉降速率、工后沉降、工后差异沉降率要求，其他路段应满足工后沉降标准。结构物附近工后差异沉降率可按表5.1.5取值。

5）满载预压期应根据固结度、工后沉降和沉降速率综合确定。堆载预压时，满载预压期不应小于6个月；真空与堆载联合预压时，处理深度小于或等于15m时满载预压期不应小于3个月，处理深度大于15m时满载预压期不应小于4个月。宜在卸除真空不少于2个月后施工路面。

6）真空联合堆载预压膜下真空度设计值不应小于80kPa，每台7.5kW的射流真空泵承担面积宜为800～1200m^2，真空度要求高时取小值。

7）对于一般软黏土，上部堆载施工宜在真空预压膜下真空度稳定达到－80kPa且抽真空时间不少于10d后进行。对于高含水率的淤泥类土，上部堆载施工宜在真空预压膜下真空度稳定地达到－80kPa且抽真空20～30d后可进行。

8）当堆载较大时，应采用分级加载，分级数应根据地基土稳定计算确定。分级加载时，应待前期预压荷载下地基的承载力增长满足下一级荷载下地基的稳定性要求时，方可继续堆载。

9）当土源供应困难时，可采用水载代替土载预压。水载宜采用水袋方式，采用围堰时应确保围堰的稳定性。

10）采用真空联合堆载预压法时，卸载标准：根据监测数据推算的工后固结沉降≤设计工后固结沉降要求；满载预压期满足设计要求；连续5d实测沉降速率≤0.5mm/d；交工面不低于设计交工面标高。

11）采用土方堆载时，路基范围内的压实度和填料要求应符合路基设计规范要求。

6 固结度、沉降计算与稳定分析

1）固结度计算

在大面积均布荷载及一级或多级等速加载条件下，时间t所对应荷载的地基压缩土层的平均固结度可根据下列两种情况进行计算。

（1）当竖向排水体贯穿压缩土层时：

$$\overline{U}_{\mathrm{t}}=\sum_{i=1}^{n}\frac{\dot{q}_i}{\sum\Delta p}\left[(T_i-T_{i-1})-\frac{\alpha}{\beta}\mathrm{e}^{-\beta t}(\mathrm{e}^{-\beta T_i}-\mathrm{e}^{\beta T_{i-1}})\right] \tag{5.3.2-7}$$

式中：$\overline{U}_{\mathrm{t}}$——$t$时刻对应的地基土层的平均固结度（%）；

n——总加载级数；

$\dot{q}_i$——第 i 级荷载的加载速率（kPa/d）；

$\sum\Delta p$——各级荷载的累加值（kPa）；

T_{i-1}、T_i——分别为第 $i-1$ 级及 i 级荷载从零点起算的加载的起始和终止时间（d）；

t——堆载预压全过程时间（d）（从零点起算）；

α、β——参数，根据排水固结条件，按表 5.3.2-2 采用。

表 5.3.2-2　不同排水条件下参数 α、β

参　数	排水固结条件		
	竖直排水固结 $\overline{U}_t>30\%$	水平排水固结	竖直和水平排水固结
α	$\frac{8}{\pi^2}$	1	$\frac{8}{\pi^2}$
β	$\frac{\pi^2 C_v}{4H^2}$	$\frac{8C_h}{F_n d_e^2}$	$\frac{8C_h}{F_n d_e^2}+\frac{\pi^2 C_v}{4H^2}$

注：1. C_v 为地基土的竖直固结系数（m^2/d），以固结试验确定。

2. C_h 为地基土的水平固结系数（m^2/d），以固结试验确定。

3. H 为处理土层竖向排水距离，当竖向排水体贯穿至透水性良好的地层（如中粗砂层、砾砂层等）时，按双面排水条件计算，H 为土层厚度的一半（m）。

4. F_n 与井径比（n）有关的系数：

$$F_n=\frac{n^2}{n^2-1}\ln(n)-\frac{3n^2-1}{4n^2} \tag{5.3.2-8}$$

式中：n——井径比（竖向排水体有效直径 d_e 与当量直径 d_w 之比）。

（2）当竖向排水体未贯穿压缩土层时：

$$\overline{U}_t=Q\overline{U}_1+(1-Q)\overline{U}_2 \tag{5.3.2-9}$$

$$Q=\frac{H_1}{H_1+H_2} \tag{5.3.2-10}$$

式中：$\overline{U}_t$——时间 t 整个地基压缩土层的平均固结度（%）；

Q——竖向排水体贯入比（竖向排水体深度与整个压缩土层厚度之比）；

$\overline{U}_1$——竖向排水体打入深度内土层的平均固结度（%），根据竖向和径向排水固结条件，按式（5.3.2-7）计算；

$\overline{U}_2$——竖向排水体打入深度以下压缩土层的平均固结度（%），将竖向排水体底面作为排水面，按式（5.3.2-7）计算；

H_1——竖向排水体深度（m）；

H_2——竖向排水体以下压缩土层厚度（m）。

（3）对长径比（长度与直径之比）大，井料渗透系数较小的袋装砂井或塑料排水板，应考虑井阻、涂抹和土层扰动影响。当考虑井阻、涂抹和扰动影响时，固结度可按如下方法确定。

①有经验时，可按式（5.3.2-7）或式（5.3.2-9）计算出地基平均固结度再乘以经验折减系数，折减系数可取 0.85 ~0.95。

②无经验时，可直接按式（5.3.2-7）、式（5.3.2-9）计算，此时 F_n 取为 F，F 按式（5.3.2-11）确定。

$$F = F'_{n} + F_S + F_r \tag{5.3.2-11}$$

$$F'_{n} = \ln(n) - \frac{3}{4} \quad (n \geqslant 15) \tag{5.3.2-12}$$

$$F_S = \left(\frac{k_h}{k_s} - 1\right)\ln(S) \tag{5.3.2-13}$$

$$F_r = \frac{\pi^2 L^2 k_h}{4q_w} \tag{5.3.2-14}$$

式中：k_h——天然状态下土层水平向渗透系数（cm/s）；

k_s——涂抹区土的水平向渗透系数（cm/s），可取值 1/5 ~ 1/3cm/s；

S——涂抹区直径与竖向排水体直径（或当量换算直径）的比值，可取 2.0 ~ 3.0，对中等灵敏黏性土取低值，对高灵敏黏性土取高值；

L——竖向排水体深度（cm）；

q_w——竖向排水体纵向通水量，为单位水力梯度下单位时间的排水量（cm^3/s），$q_w = k_w \pi d^2/4$，k_w 为排水体材料渗透系数，d 为排水体直径。

2）固结沉降量计算

（1）采用 e-lg$p$ 曲线，按式（5.3.2-15）、式（5.3.2-16）计算。

欠固结土：

$$s_c = \psi \sum_{i=1}^{n} \frac{h_i}{1 + e_{0i}} C_{ci} \lg \frac{p_{0i} + \Delta p_i}{p_{ci}} \tag{5.3.2-15}$$

正常固结土：

$$s_c = \psi \sum_{i=1}^{n} \frac{h_i}{1 + e_{0i}} C_{ci} \lg \frac{p_{0i} + \Delta p_i}{p_{0i}} \tag{5.3.2-16}$$

式中：s_c——总预压荷载下地基的固结沉降量（m）；

h_i——第 i 层土层的厚度（m）；

e_{0i}——第 i 层土层的初始孔隙比；

C_{ci}——第 i 层土层的压缩指数；

p_{0i}——第 i 层土层的自重应力平均值（kPa）；

p_{ci}——第 i 层土层的前期固结应力（kPa）；

Δp_i——第 i 层土层中点的有效附加应力平均值（kPa）；

n——土层层数；

ψ——沉降计算经验系数。

（2）采用 e-p 曲线，按式（5.3.2-17）计算。

$$s_c = \psi \sum_{i=1}^{n} \frac{e_{0i} - e_{1i}}{1 + e_{0i}} h_i \tag{5.3.2-17}$$

式中：e_{0i}——第 i 层土层中点的对应于自重应力 p_{0i} 由 e-p 曲线查得的初始孔隙比；

e_{1i}——第 i 层土层中点的对应于自重应力 p_{0i} 与附加应力 Δp_i 之和的孔隙比，由 e-p 曲线查得；

ψ——沉降计算经验系数可取 1.1～1.6，预压荷载大、地基土压缩性大时，取较大值，否则取较小值。

（3）与堆载预压时间 t 对应的固结沉降量 s_t 可按式（5.3.2-18）计算。

$$s_t = s_c \overline{U}_t \quad (5.3.2\text{-}18)$$

式中：$\overline{U}_t$——时间 t（从堆载预压始点起算）对应土层的主固结平均固结度，可用式（5.3.2-7）或式（5.3.2-9）计算。

（4）次固结沉降量 s_a 可采用式（5.3.2-19）计算。

$$s_a = \sum_{i=1}^{n} \frac{h_i}{1 + e_{0i}} C_{ai} \lg \frac{t}{t_1} \quad (5.3.2\text{-}19)$$

式中：C_{ai}——次固结系数（无因次量），室内实验或现场测试在主固结完成之后，试验荷载不变的条件下，其孔隙比与时间对数关系曲线上的直线段斜率；

e_{0i}——土层初始孔隙比；

t——次固结沉降量计算时间（从卸载时间起算）；

t_1——相对于主固结完成 100% 的时间（从零起算）；

其他符号意义同前。

在无试验数据情况下，次固结系数 C_a 可按式（5.3.2-20）和式（5.3.2-21）计算，并取其中的较大值。

$$C_a = 0.018 w_0 \quad (5.3.2\text{-}20)$$

$$C_a = 0.022 C_c \quad (5.3.2\text{-}21)$$

式中：w_0——土层初始含水率（%）；

C_c——土层压缩指数。

（5）卸载完成后剩余沉降量可按式（5.3.2-22）计算。

$$\Delta S = S_c + S_a - S_t \quad (5.3.2\text{-}22)$$

式中：ΔS——卸载完成后，对应使用荷载的剩余沉降量（m）；

其他符号意义同前。

3）稳定性分析

（1）预压荷载下，对于正常固结软土地基中某点在任意时间 t 时土的抗剪强度，可按式（5.3.2-23）计算。

$$\tau_{ft} = \eta (\tau_{f0} + \Delta\tau_{fc}) \quad (5.3.2\text{-}23)$$

$$\Delta\tau_{fc} = \Delta\sigma_z U_t \tan\varphi_{cu} \quad (5.3.2\text{-}24)$$

式中：τ_{ft}——加固过程中地基土 t 时刻的抗剪强度（kPa）；

τ_{f0}——加固前天然地基土的抗剪强度（kPa），可用十字板剪切试验现场测定；

$\Delta\tau_{fc}$——抗剪强度增量（kPa）；

$\Delta\sigma_z$——该点的附加竖向应力（kPa）；

φ_{cu}——土的固结不排水剪内摩擦角（°），由三轴固结不排水剪试验确定；

η——土体由于剪切蠕动等因素而引起强度衰减的折减系数，可取0.75～0.90，剪应力大时取小值，反之取大值。

（2）堆载预压应进行各级荷载下地基的抗滑稳定性验算。在加载预压过程中，应根据地基土的强度增长和抗滑稳定性验算结果来进行加载速率设计。整体稳定验算宜采用圆弧滑动法，稳定性计算方法可采用有效固结应力法或改进总强度法，有条件时也可采用简化Bishop法或Janbu法。当天然地基土的强度满足预压荷载下地基的稳定性要求时，可一次性加载，否则应分级逐渐加载。如抗滑稳定不能满足要求时［计算方法采用公式（5.3.2-25）］，可采用反压护道、土工织物、土工格栅等加固措施。

①采用有效固结应力法验算时，稳定安全系数计算式为：

$$F_s=\frac{\sum_A^B\left(c_{qi}L_i+W_{\mathrm{I}i}\cos\alpha_i\tan\varphi_{qi}+W_{\mathrm{II}i}\cos\alpha_iU_i\tan\varphi_{cqi}\right)+\sum_B^C\left(c_{qi}L_i+W_{\mathrm{II}i}\cos\alpha_i\tan\varphi_{qi}\right)}{\sum_A^B(W_{\mathrm{I}}+W_{\mathrm{II}})_i\sin\alpha_i+\sum_B^C W_{\mathrm{II}i}\sin\alpha_i}\tag{5.3.2-25}$$

式中：c_{qi}、φ_{qi}——地基土或路堤填料快剪试验测得的黏聚力（kPa）和内摩擦角（°）；

φ_{cqi}——地基土固结快剪试验测得的内摩擦角（°）；

U_i——地基平均固结度；

其余符号如图5.3.2所示。

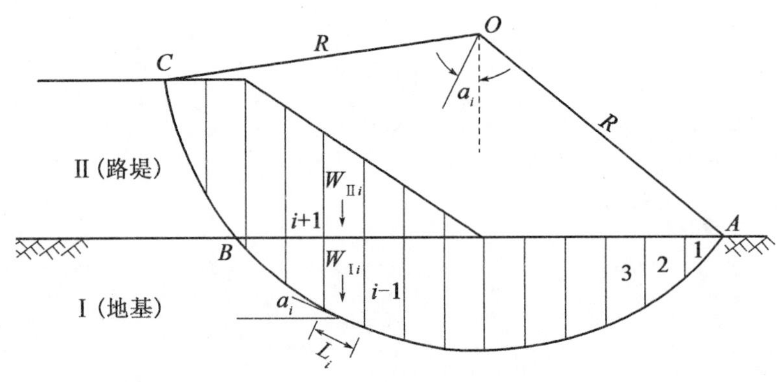

图5.3.2　安全系数计算图示

②采用改进总强度法验算时，稳定安全系数计算式为：

$$F_s=\frac{\sum_A^B\left(S_{ui}+W_{\mathrm{II}i}\cos\alpha_iU_im_i\right)L_i+\sum_B^C\left(c_{qi}L_i+W_{\mathrm{II}i}\cos\alpha_i\tan\varphi_{qi}\right)}{\sum_A^B(W_{\mathrm{I}}+W_{\mathrm{II}})_i\sin\alpha_i+\sum_B^C W_{\mathrm{II}i}\sin\alpha_i}\tag{5.3.2-26}$$

式中：S_{ui}——由静力触探试验的贯入阻力（单桥探头）或锥尖阻力（双桥探头）换算的十字板抗剪强度或直接由十字板试验得到的抗剪强度（kPa）；

m_i——地基土层强度增长系数，按表5.3.2-3取值；

其余符号意义同前。

表 5.3.2-3　地基土层强度增长系数 m_i

土　名	描　　述	m_i
泥炭	在潮湿和缺氧条件下，由未充分分解的喜水植物遗体堆积而形成的泥沼覆盖层。呈纤维状，深褐色至黑色。有机质含量大于或等于60%，含水率大于300%，孔隙比大于10	0.35
泥炭质土	喜水植物遗体大部分完全分解后形成的有臭味、呈黑泥状的细粒土。有机质含量大于或等于10%且小于60%，可细分为弱泥炭质土、中泥炭质土、强泥炭质土，含水率不超过300%，孔隙比大于3	0.20
有机质土	在多水环境下由分解的植被植物所组成的细粒土，其中混有矿物颗粒。有机质含量大于或等于5%且小于10%，淤泥、淤泥质土属于此类	0.25
黏质土	塑性指数（76g 锥）大于 17 的土	0.30
粉质土	塑性指数（76g 锥）大于 10 且不大于 17 的土	0.25

③采用简化 Bishop 法验算时，稳定安全系数计算式为：

$$F_s = \frac{\sum_A^B \left\{ c'_i b_i + \left[(W_{\mathrm{I}} + W_{\mathrm{II}})_i u_i b_i \right] \tan\varphi_i \right\} \Big/ m_{\mathrm{I}\alpha_i} + \sum_B^C \left(c_{qi} b_i + W_{\mathrm{II}i} \cos\alpha_i \tan\varphi_{qi} \right) \Big/ m_{\mathrm{II}\alpha_i}}{\sum_A^B (W_{\mathrm{I}} + W_{\mathrm{II}})_i \sin\alpha_i + \sum_B^C W_{\mathrm{II}i} \sin\alpha_i} \tag{5.3.2-27}$$

$$m_{\mathrm{I}\alpha i} = \cos\alpha_i + \tan\varphi'_i \sin\alpha_i / F_s \tag{5.3.2-28}$$

$$m_{\Pi\alpha i} = \cos\alpha_i + \tan\varphi'_{qi} \sin\alpha_i / F_s \tag{5.3.2-29}$$

式中：c'_i、φ'_i——地基土三轴试验测得的有效黏聚力（kPa）和有效内摩擦角（°）；

b_i——分条的水平宽度（m），即 $b_i = L_i \cos\alpha_i$；

u_i——滑动面上的孔隙水压力（kPa）；

其他符号意义同前。

④采用 Janbu 法验算时，稳定安全系数计算公式为：

$$F_s = \frac{\sum_A^B \left\{ c_i{}' b_i + \left[(W_{\mathrm{I}} + W_{\mathrm{II}})_i u_i b_i + \Delta T_i \right] \tan\varphi'_i \right\} \Big/ m_{\mathrm{I}\alpha i} \Big/ \cos\alpha_i + \sum_B^C \left(c_{qi} b_i + W_{\mathrm{II}i} \cos\alpha_i \tan\varphi_{qi} \right) \Big/ m_{\mathrm{II}\alpha i} \Big/ \cos\alpha_i}{\sum_A^B (W_{\mathrm{I}} + W_{\mathrm{II}} + \Delta T)_i \tan\alpha_i + \sum_B^C (W_{\mathrm{II}} + \Delta T)_i \sin\alpha_i} \tag{5.3.2-30}$$

式中：ΔT_i——土条两侧边界上的剪力增量，可以根据土条两侧边界上法向力作用点位置的假定计算出来；

其他符号意义同前。

因为公式右端 $m_{\alpha i}$ 中含有 F_s，ΔT_i 计算过程中也含有 F_s，所以安全系数计算需要采用迭代法。

5.4　水泥土桩复合地基

5.4.1　水泥土搅拌桩复合地基

1　适用条件

1）水泥土搅拌桩复合地基宜用于填土高度小于 7m 的路段，软土的含水率大于

70%时适用高度应降低。

2）水泥土搅拌桩适用于处理正常固结的淤泥、淤泥质土、素填土、黏性土（软塑、可塑）、粉土（稍密、中密）、粉细砂（松散、中密）、中粗砂（松散、稍密）、饱和黄土等土层。用于处理泥炭土、有机质土、pH 值小于 4 的酸性土、塑性指数大于 25 的黏土。在腐蚀环境中，软土含水率大于 80%和地下水流动、涨潮退潮时，以及无工程经验的地区使用时，须通过现场试验确定其适用性。

3）水泥土搅拌桩不适用于十字板抗剪强度小于 10kPa 和有机质含量大于 10%的软土地基。

4）地基土或地下水对素混凝土具有中等以上侵蚀时、大粒径块石含量多的地基不宜采用水泥土搅拌桩。

2　设计

1）水泥土搅拌桩分为喷浆搅拌法和喷粉搅拌法。

2）水泥土搅拌桩复合地基加固范围不宜小于路堤底宽。桩径宜采用 0.5～1.0m，可按 50mm 的模数调整。水泥掺量宜为 15%～20%，含水率高时取大值，反之取小值。

3）桩长应根据上部结构对地基承载力和变形的要求确定，并应穿透软弱土层到达地基承载力相对较高的土层；当软土层较厚无法穿透时，在满足承载力和变形的情况下，可采用悬浮桩。

（1）路堤下水泥土搅拌桩长度，应能保证设桩后路基最小稳定安全系数满足《公路路基设计规范》（JTG D30—2015）要求。

（2）喷浆搅拌法水泥土搅拌桩的加固深度不宜大于 25m；喷粉搅拌法水泥土搅拌桩的加固深度不宜大于 15m。

4）水泥土搅拌桩宜采用喷浆搅拌法，水泥浆水灰比宜采用 0.5～0.7；当受地下动水和涨潮退潮影响浆液流失时，宜选用喷粉搅拌法；当地基土的天然含水率小于 30%（黄土含水率小于 25%）时不宜采用喷粉搅拌法。

5）桩间距不应大于 4 倍桩径，可采用正方形或正三角形布置。

6）水泥土搅拌桩设计前，应进行拟处理土的室内配合比试验。应根据拟处理的最软弱层软土的性质，试验确定用于加固的固化剂和外掺剂的用量。试验用土样可采用钻探或开挖的方式从地基中采集。宜为保持天然含水率的扰动样和部分原状样；土样应采用塑料袋或其他密封容器包装，防止水分流失；采样位置不应少于 3 处。

7）水泥土搅拌桩复合地基的承载力特征值，应通过现场单桩或多桩复合地基静载荷试验确定。初步设计时可按式（5.4.1-1）计算。

$$f_{\mathrm{spk}} = \lambda m \frac{R_{\mathrm{a}}}{A_{\mathrm{p}}} + \beta\ (1 - m)\ f_{\mathrm{sk}} \tag{5.4.1-1}$$

式中：f_{spk}——复合地基承载力特征值（kPa）；

β——桩间土承载力折减系数，当桩端未经修正的承载力特征值大于桩周土的承载力特征值的平均值时可取 0.1～0.4（差值大时取小值），当桩端未修正的承载力特征值小于或等于桩周土的承载力特征值的平均值时可取 0.5 ~ 0.9（差值大时或设置垫层时均取大值），若采用悬浮桩可取 0.9 ~ 1.0；

f_{sk}——桩间土承载力特征值（kPa），可取天然地基承载力特征值；

R_a——单桩竖向承载力特征值（kN）；

A_p——桩的截面积（m^2）；

m——桩体面积置换率；

λ——单桩承载力发挥系数，打穿软土时取 1.0，悬浮桩可取 0.85 ~ 1.0。

8）单桩承载力特征值，应通过现场静载荷试验确定，初步设计时可按式（5.4.1-2）计算，并应满足式（5.4.1-3）的要求，应使由桩身材料强度确定的单桩承载力不小于由桩周土和桩端土的抗力所提供的单桩承载力。

$$R_a = U_p \sum q_{si} l_i + \alpha q_p A_p \quad (5.4.1\text{-}2)$$

$$R_a = \eta f_{cu} A_p \quad (5.4.1\text{-}3)$$

式中：R_a——单桩竖向承载力特征值（kN）；

U_p——桩的周长（m）；

q_{si}——桩周第 i 层土的侧摩阻力特征值（kPa），对淤泥可取 4 ~ 7kPa，对淤泥质土可取 6 ~ 12kPa，对软塑状态的黏性土可取 10 ~ 15kPa，对可塑状态的黏性土可取 12 ~ 18kPa；

l_i——桩长范围内第 i 层土的厚度（m）；

q_p——桩端地基土未经修正的承载力特征值（kPa），可按现行广东省标准《建筑地基基础设计规范》（DBJ 15-31）取值；

α——桩端天然地基土的承载力折减系数，可取 0.4 ~ 0.6，承载力高时取小值。

f_{cu}——与搅拌桩桩身水泥土配比相同的室内水泥土试块（边长为 70.7mm 的立方体）在标准养护条件下 90d 龄期的立方体抗压强度平均值（kPa）；

η——桩身强度折减系数，喷粉搅拌法可取 0.2 ~ 0.3，喷浆搅拌法可取 0.25 ~ 0.33，含水率大时取小值；

A_p——桩的截面积（m^2）。

9）水泥土搅拌桩复合地基路堤整体稳定性分析前应验算桩身抗压性能，整体稳定分析可采用圆弧滑动法，分析方法见本指南 5.3.2 节。滑动面上的复合地基加固区抗剪强度按式（5.4.1-4）计算。

$$\tau_{ps} = m\tau_p + (1-m)\tau_s \quad (5.4.1\text{-}4)$$

式中：τ_{ps}——复合地基加固区抗剪强度（kPa）；

τ_p——桩体的抗剪强度（kPa），可钻取试验路段水泥土 90d 原状试件测无侧限抗压强度按其一半计算，也可按设计配合比由室内制备的水泥土试件（直径 5cm、高度 10cm 的圆柱体）测得的无侧限抗压强度乘以 0.3 的折减系数求得；

τ_s——地基土的抗剪强度（kPa）。

10）复合地基沉降等于加固区沉降 S_1 与下卧层沉降 S_2 之和，附加应力计算应考虑附近路堤荷载的影响，沉降计算可采用分层总和法。路堤下复合地基加固区压缩模量宜取式（5.4.1-5）和式（5.4.1-6）计算压缩模量的平均值，结构物下复合地基加固区压缩模量宜采用式（5.4.1-6）计算：

$$E_{sp} = mnE_s + (1-m)E_s \tag{5.4.1-5}$$

$$E_{sp} = mE_p + (1-m)E_s \tag{5.4.1-6}$$

式中：E_{sp}——复合地基加固区压缩模量（kPa）；

E_s——桩间土压缩模量（kPa）；

E_p——桩身压缩模量（kPa），应通过压缩试验确定，无试验数据时可取 E_p（60～80）ηf_{cu}；

n——桩顶处桩土应力比，一般取 4～6，桩土压缩模量比小、软土深度大时取小值，n 应比桩土压缩模量比小 1～2，桩土压缩模量比可取 6～10。

（1）复合地基加固区的沉降 S_1 可按式（5.4.1-7）和式（5.4.1-8）计算：

$$S_1 = \sum_{i=1}^{n} \frac{\Delta p_i}{E_{spi}} \Delta h \tag{5.4.1-7}$$

式中：E_{spi}——各分层的桩土复合压缩模量（kPa）；

Δp_i——地基中各分层中点的附加应力增量（kPa）；

Δh——地基中各分层土的厚度（m）。

（2）加固区下卧层沉降 S_2 可按式（5.4.1-8）计算。

$$S_2 = \psi S' = \psi \sum_{i=1}^{n} \frac{p_b}{E_{si}} (z_i \bar{\alpha}_i - z_{i-1} \bar{\alpha}_{i-1}) \tag{5.4.1-8}$$

式中：S_2——加固区下卧土层沉降（mm）；

S'——按分层总和法计算出的地基变形量（mm）；

ψ——沉降计算经验系数，根据地区沉降观测资料及经验确定，无地区经验时可根据变形计算深度范围内压缩模量的当量值（$\bar{E}_s$），加固区底面附加压力按表 5.4.1-1 取值；

n——地基变形计算深度范围内所划分的土层数；

E_{si}——加固区底面下第 i 层土的压缩模量（MPa），应取土的自重压力至土的自重压力与附加压力之和的压力段计算；

z_i、z_{i-1}——加固区底面至第 i 层土、第 $i-1$ 层土底面的距离（m）；

$\bar{\alpha}_i$、$\bar{\alpha}_{i-1}$——加固区底面计算点至第 i 层土、第 $i-1$ 层土底面范围内平均附加应力系数，可按《建筑地基基础设计规范》（GB 50007—2011）附录 K 采用；

p_b——加固区底面处附加压力（kPa）。

表 5.4.1-1　沉降计算经验系数 ψ

加固区底面附加压力	$\overline{E}_s$（MPa）				
	2.5	4.0	7.0	15.0	20.0
$p_b \geq f_{ak}$	1.4	1.3	1.0	0.4	0.2
$p_b \leq 0.75f_{ak}$	1.1	1.0	0.7	0.4	0.2

注：1. $\overline{E}_s = \dfrac{\sum A_i}{\sum \dfrac{A_i}{E_{si}}}$，其中 A_i 为第 i 层土附加应力系数沿土层厚度的积分值。

2. f_{ak} 为地基承载力特征值。

3. p_b 可采用等效实体法按式（5.4.1-9）确定，计算图示如图 5.4.1 所示。

$$p_b = \frac{BLp - (2B + 2L)\ hf}{BL} \tag{5.4.1-9}$$

式中：f——桩侧摩阻力（kPa），可取桩土极限摩阻力的一半；

B、L——分别为加固区范围内路堤荷载作用的等效宽度（m）和长度（m）；

h——加固区厚度（m）；

p——加固区顶面附加应力值（kPa）。

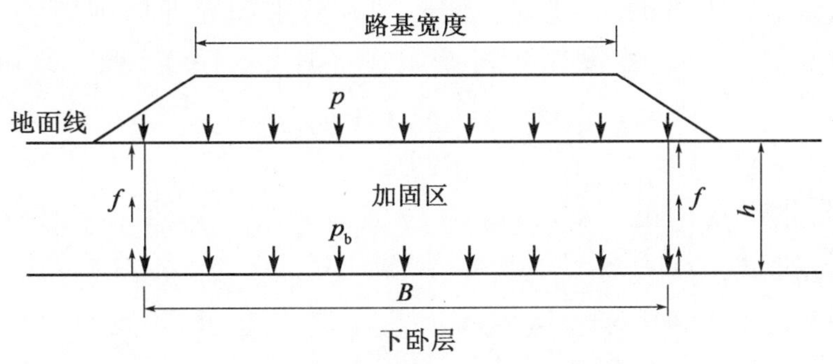

图 5.4.1　等效实体法计算图示

11）水泥土搅拌桩复合地基的工后沉降，应根据固结分析确定，复合地基固结系数 c_{sp} 宜按式（5.4.1-10）计算。

$$c_{sp} = \frac{1 - m + mn}{1 - m} c_s \tag{5.4.1-10}$$

式中：c_{sp}——复合地基固结系数（cm^2/s）；

c_s——桩间土固结系数（cm^2/s）；

m——桩体面积置换率；

n——桩顶处桩土应力比。

12）当水泥土搅拌桩处理深度以下存在软弱下卧层时，应进行下卧层承载力验算。

13）桩长超过 10m 时，可采用固化剂变掺量设计。在全长桩身水泥总掺量不变的前提下，桩身上部 1/3 桩长范围内，可适当增加水泥掺量及搅拌次数。

14）水泥土搅拌桩桩顶应铺设 40～60cm 的垫层，材料可采用中粗砂、级配碎石或石屑，最大粒径宜小于 25mm，压实度不应大于 0.9。宜设置加筋材料。

15）水泥搅拌桩复合地基宜等载预压，预压时间不宜少于 2 个月。

5.4.2 高压旋喷桩复合地基

1 适用条件

1）当软土地基处理的施工空间受到限制时，或当软土层上方存在较厚硬土层时，可采用高压旋喷桩复合地基。高压旋喷桩可用作拓宽等工程中的隔离墙。

2）地基中有机质含量丰富或地下水流动时，应通过现场试验验证其适用性。地基土或地下水对素混凝土具有中等以上侵蚀时，不宜采用高压旋喷桩。

3）高压旋喷桩施工时，可能引起周围地面开裂。在软土地基处理方案选择和设计时，应收集邻近既有建筑物、地下埋设物等资料，并应考虑高压旋喷桩施工扰动的影响程度。

4）旋喷桩处理深度宜小于25m。

2 设计

1）宜采用单重管高压旋喷桩，桩径宜采用50～60cm，宜通过现场试验确定桩径。

2）必要时可掺一定比例的早强剂、速凝剂和减水剂等外加剂。

3）水灰比宜0.8～1.5，水泥用量可按照式（5.4.2-1）计算，采用单重管法时。

$$M_c = \frac{\pi d^2 K(1+\alpha_1)\rho}{4(1+\alpha_2)} \tag{5.4.2-1}$$

式中：M_c——每延米水泥用量（kg/m）；

d——设计桩径（m）；

K——充填率，宜取0.75～0.9；

α_1——损失系数，宜取0.1～0.2；

ρ——浆液密度（kg/m^3）；

α_2——水灰比。

ρ 根据设计水灰比 α_2 试验确定，也可按照式（5.4.2-2）计算。

$$\rho = \frac{\rho_w d_c(1+a_2)}{1+a_2 d_c} \tag{5.4.2-2}$$

式中：ρ_w——水密度（kg/m^3）；

d_c——水泥相对密度，可取3.1。

4）软土中旋喷桩28d芯样无侧限抗压强度应大于1.5MPa。

5）桩身强度折减系数 η 可取0.3～0.4。

6）其他设计同搅拌桩。

5.5 刚性桩复合地基法

5.5.1 适用条件

1）软土深度大于20m或路堤高度大于7m的路段。

2）工期紧的路段。

3）既有路沉降基本结束的拓宽工程。

4）桥头或通道与路堤衔接段。

5）桩持力的基岩面倾斜严重，且基岩上硬土层较薄时，应慎用刚性桩复合地基。

6）桩顶覆土较薄无法形成土拱效应时，应慎用刚性桩复合地基。

5.5.2 设计

1 桩

1）软土地基处理可采用《预应力混凝土管桩技术标准》（JGJ/T 406—2017）中推荐的地基处理用管桩桩型、预制混凝土方桩、现浇素混凝土桩等刚性桩。预应力混凝土管桩外径宜为300～500mm，壁厚宜为60～100mm；素混凝土桩直径宜为400～500mm，混凝土抗压强度等级宜为C15～C20。

2）刚性桩加固范围不宜小于路堤底宽，宜正方形布置，桩间距不宜小于4～6倍桩径，桩长可根据工程对地基稳定和变形要求，结合地质条件，通过计算确定。

3）刚性桩单桩承载力及复合地基承载力计算参照5.4节执行。其中，单桩承载力发挥系数λ和桩间土承载力折减系数β宜结合具体工程按珠海地区经验进行取值，无地区经验时，λ可取1.0。当加固桩属于端承桩时，桩间土承载力折减系数β可取0.1～0.4；当加固桩属于摩擦型桩时，β可取0.5～0.9；当处理对象为松散填土层、欠固结软土层、自重湿陷性土等有明显工后沉降的地基时，β可取0。

4）挤土效应可能对周边构筑物产生不利影响时，管桩桩端应采用开口型，其他情况应设置封口型桩尖。

2 桩帽

1）路堤下刚性桩复合地基应设桩帽，桩帽厚度应不小于35cm，桩帽覆盖率宜大于25%，应使桩帽顶面与路床顶面的高差满足式（5.5.2-1），且不宜小于2m。桩顶面以上填土小于2m时或桩身可能承受较大水平力时宜采用桩筏基础。

$$H > 1.2 \cdot \frac{0.707(D-b)}{\tan\varphi_f} \tag{5.5.2-1}$$

式中：H——桩帽顶面与路床顶面的高度差（m）；

D——桩间距（m）；

b——桩帽边长（m）；

φ_f——路堤填料综合内摩擦角（°）。

2）桩帽混凝土强度等级不宜低于C25，钢筋直径不宜小于10mm。

3）桩顶进入桩帽应不少于5cm，桩和桩帽之间宜采用钢筋连接，锚固长度不得小于35倍钢筋直径。

3 垫层

1）桩帽顶上应铺设一定厚度、强度、刚度、完整连续的柔性土工合成材料加筋垫层。垫层形式应根据设计荷载大小和要求以及具体地基土层的条件确定，宜选择土工格栅加筋垫层、高强度土工布加筋垫层、土工格室加筋垫层等，桩顶覆土较薄时优先选用土工格室加筋垫层，加筋垫层应符合下列规定：

（1）土工合成材料应具有抗拉强度高、切线模量高、非脆性、耐久性良好、抗老化、抗腐蚀等工程性质。

（2）垫层材料宜选择中粗砂、级配良好的碎石、砂砾等，垫层的厚度不宜小于30cm，垫层压实度不大于0.9。

2）加筋材料设计荷载对应的延伸率宜小于6%，蠕变延伸率小于2%，累计延伸率应小于极限抗拉强度对应的延伸率的70%。

4　路堤

1）桩间土较松软时须对桩间土采取加固措施。

2）桩帽以上0.707（$D-b$）/$\tan\varphi_f$范围内的路堤填料综合内摩擦角宜不小于30°。

3）预压时间不宜少于2个月。

4）刚性桩复合地基路堤应分析整体剪切滑动稳定性、绕流滑动稳定性，具体分析方法按附录G进行。

5）路堤的总沉降量及工后沉降量。

（1）复合地基总沉降宜按式（5.5.2-2）计算，若采用了桩网复合路基结构，其沉降量可按附录F进行计算分析。

$$S = S_1 + S_2 \tag{5.5.2-2}$$

式中：S——复合地基沉降量（m）；

S_1——加固区沉降量（m）；

S_2——下卧层沉降量（m）。

（2）加固区沉降可采用承载力比法宜按式（5.5.2-3）进行计算。

$$S_1 = \psi\sum_{i=1}^{n_1}\frac{p_0}{E_{spi}}\left(z_i\bar{\alpha}_i - z_{i-1}\bar{\alpha}_{i-1}\right) \tag{5.5.2-3}$$

$$E_{spi} = E_{si}\frac{f_{spk}}{f_{sk}} \tag{5.5.2-4}$$

式中：p_0——地基顶面处的附加压力（kPa）；

E_{spi}——第i层土复合压缩模量（MPa）；

E_{si}——基底底面下第i层土的压缩模量（MPa），采用地基土在自重压力至自重压力加附加压力作用时的压缩模量；

z_i、z_{i-1}——地基顶面至第i层土、第$i-1$层土底面的距离（m）；

$\bar{\alpha}_i$、$\bar{\alpha}_{i-1}$——地基顶面计算点至第i层土、第$i-1$层土底面深度范围内平均附加应力系数，可按《建筑地基基础设计规范》（GB 50007—2011）附录K选用；

ψ——沉降计算经验系数，根据表5.4.1-1进行取值；

f_{spk}——复合地基承载力特征值（kPa）；

f_{sk}——天然地基承载力特征值（kPa）。

6）下卧层沉降应根据附加应力采用分层总和法计算。附加应力的计算不考虑桩体对地基中应力分布的影响，采用Boussinesq解进行计算。

7）刚性桩不与排水固结联合应用时，桩间土固结系数宜乘以$\frac{1-m+mn}{1-m}$。桩土应力比 n 可根据本指南附录 F 进行计算。

8）下卧层固结度计算可按天然地基计算，可忽略刚性桩的影响。

9）刚性桩复合地基路基工后沉降量宜按式（5.5.2-5）计算。

$$S_{rT}=S_1(U_{12}-U_{11})+S_2(U_{22}-U_{21}) \tag{5.5.2-5}$$

式中：S_{rT}——工后沉降量（m）；

U_{11}——通车时加固区固结度；

U_{12}——路面设计使用年限未加固区固结度；

U_{21}——通车时下卧层固结度；

U_{22}——路面设计使用年限末下卧层固结度。

5.6 气泡混合轻质土法

5.6.1 适用范围

气泡混合轻质土，适用于软土地基路段的路堤减荷、台背回填、道路加宽、坍塌抢险等工程及用地受限的工程。

5.6.2 设计

1 轻质材料路堤结构设计应采取有效的防护措施，轻质材料不得直接裸露。路基横断面可采用设置支挡结构的直立式路堤或包边护坡的斜坡式路堤，轻质材料填筑厚度应根据工后沉降计算确定。

2 应根据设计条件及荷载条件，选择气泡混合轻质土的断面尺寸和性能指标。气泡混合轻质土的施工最小湿重度不应小于 5.0kN/m^3，施工最大湿重度不宜大于 11.0kN/m^3，流值宜为 170～190mm，且常用断面尺寸和无侧限抗压强度指标应分别符合表 5.6.2-1 和表 5.6.2-2 的规定。

表 5.6.2-1 常用填筑体断面尺寸（单位：m）

项目内容	范围	备注
填筑高度 H	0.5～15.0	
底面宽度 B_L	≥2.0	
台阶宽度 B_T	≥0.8	填筑高度超过 3m 时设置
富余度度 B_F	0.3～0.8	
典型填筑断面形式	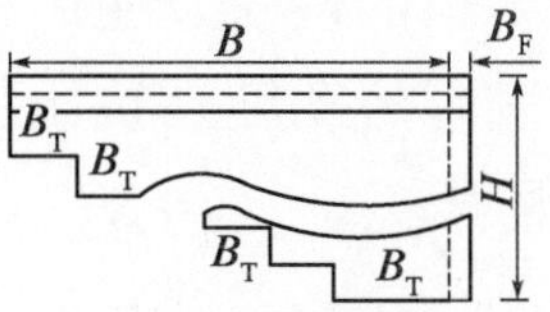 a）局部填筑横断面图	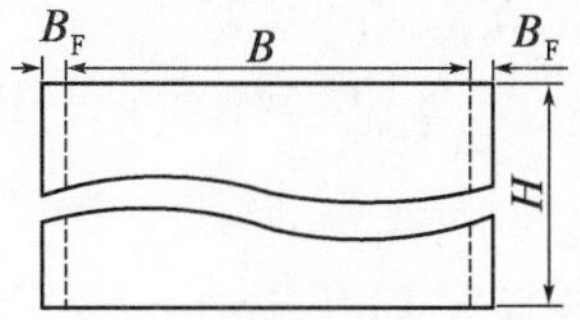 b）全断面填筑横断面图

表 5.6.2-2 用于路基的气泡混合轻质土无侧限抗压强度指标（单位：MPa）

<table>
<tr><td colspan="2" rowspan="2">项 目 内 容</td><td colspan="2">无侧限抗压强度</td></tr>
<tr><td>高速公路、一级公路</td><td>二级及二级以下公路</td></tr>
<tr><td rowspan="2">路床</td><td>轻、中等及重交通</td><td>≥0.8</td><td rowspan="2">≥0.6</td></tr>
<tr><td>特重、极重交通</td><td>≥1.0</td></tr>
<tr><td colspan="2">上路堤、下路堤</td><td>≥0.6</td><td>≥0.5</td></tr>
<tr><td colspan="2">地基土置换</td><td colspan="2">>0.4</td></tr>
</table>

注：1. 无侧限抗压强度为龄期 28d、边长 100mm 的立方体抗压强度。
2. 特重、极重交通高速公路及一级公路路床部位的轻质土配合比宜采用掺砂配合比，流值宜为 150～170mm，且砂与水泥的质量比宜控制在 0.5～2.0。

3 填筑体有地震力作用时，应按《公路工程抗震规范》（JTG B02—2013）的规定执行。

4 填筑体内距底面和顶面 0.5～1m 处，应分别设置 1～2 层钢丝网，钢丝网钢丝直径为 3.2～6mm，网眼尺寸为 100mm×100mm。

5 当填筑体长度超过 15m 时，应按 5～15m 间距设置变形缝，在断面突变处应设变形缝，变形缝材料可采用 20～30mm 厚聚苯乙烯板或 10～20mm 厚木板。

6 当填筑体与桥台台背之间设置缓冲层时，其缓冲材料宜采用 20～30mm 厚聚苯乙烯板。

7 轻质土路堤应进行路基稳定性验算和承载力验算。在地下水位以下部位填筑时，应对填筑体进行抗浮验算。验算时，水上部分的重度取湿重度，水下部位的重度取饱和重度，抗浮安全系数 $F_s \geq 1.1$，强度损失率不小于 90%。

8 地下水位以下的泡沫轻质土仅用于控制沉降时，可不采取隔断地下水的防水措施；用于地下结构或地下管线减载时，宜采取隔断、疏通地下水的防、排水措施。

9 地基沉降计算时，总沉降修正系数宜取 1.0～1.1。当地基承载力大于 2 倍的路堤荷载时，取小值。

10 用于地下结构或管线顶部减载换填时，泡沫轻质土自重和其他荷载的总和应小于地下结构或管线所能承受最大荷载的 0.9 倍。

11 在填筑体顶面有纵坡、横坡要求时，宜在顶层分级设置台阶，台阶部分宜采用路面底基层材料调整。

12 配合比设计应以填筑体所要求的性能及使用材料特性为依据进行。

13 目标配合比指标包括湿重度、流动度及抗压强度，应满足如下要求：

1）湿重度偏差控制在 ±10% 范围。

2）流动度控制在 180mm ±20mm 范围。

3）在规定龄期内，抗压强度应达到目标值。

5.7 过渡段软土地基处理

5.7.1 扩建路段

1 既有软土地基分析评价

1）应搜集并获得原有道路的设计、施工、养护及现有勘察等相关资料；应对原有道路的软土地基处治效果评价；进行拓宽部分对原有道路的影响分析评价。必要时应选择代表性断面对既有公路路面结构层、路床、路堤及地基进行勘探试验。

2）按照新建路基的要求，对拓宽路基范围的软土地基进行勘察。拓宽路基的勘探孔宜与原有勘探孔布设在同一横断面上，并应尽可能利用既有公路的勘察资料。宜在既有路基中部、边坡和坡脚分别布置一定数量的勘探孔，以探明已完成的沉降及路堤填土现状等。

3）根据监测、养护和勘察资料，分析既有公路软土地基的固结度、固结系数、压缩系数、强度增长和剩余沉降等。

4）分析评价拓宽路基与既有路基的稳定性和差异沉降，以及拓宽路基对既有路基稳定和沉降的影响程度，并提出拓宽路堤软土地基处理措施的建议。

2 设计

1）公路拓宽路基的软土地基处理，应根据既有公路的地形、地貌、水文地质与工程地质、软土分布与特性、构筑物设置情况、填土高度、运营状况和拓宽方式，采取合理的处理措施，保证拓宽公路与既有公路路基及构筑物的安全。

2）公路拓宽路基的软土地基处理设计，应结合路基及其拼接、既有路面处理计划、拓宽路面及其拼接、地基与路堤施工方案等进行综合设计。应保证拓宽路基与既有路基之间衔接良好，变形协调，防止产生纵向裂缝。

3）公路拓宽路基的软土地基处理，在纵向宜以结构物间分段。

4）公路拓宽路基软土地基处理设计应进行以下分析：

（1）路堤沉降变形分析。

（2）公路拓宽各阶段的路堤整体稳定性分析及局部稳定性分析。

（3）公路拓宽路基对既有路基的影响分析。

5）公路拓宽时，应控制新老路基间的差异沉降，根据既有公路的实际横坡确定拓宽路基的横坡值，拓宽部分与既有公路的工后横坡增大率不应大于0.5%。

6）公路拓宽路基的软土地基处理措施主要有桩承堤、复合地基、气泡混合轻质土法、换填、排水固结法。

（1）与沉降基本完成的既有路堤、桥梁、涵洞、通道等构造物相邻的拓宽路段，路基拓宽宜采用桩承堤、复合地基，并宜等载或超载预压，也可采用气泡混合轻质土。

（2）采用气泡混合轻质土时，应通过承载力验算及整体稳定性分析，确定设计参数。

（3）换填深度不宜超过2m，应分析既有路基整体和水平滑动稳定性。

（4）排水固结法主要应用在路堤高度小、与低等级公路拼接、既有公路未处理或剩余沉降较大、与既有公路分离等情况。采用排水固结法，新老路堤分离设置，且距离小于20m时，应在新老路堤之间设置隔离墙。

隔离墙可采用搅拌桩、高压旋喷桩或灌注桩，应根据软土地基深度、沉降大小等选择隔离墙类型，隔离桩应穿透软土层。

7）既有公路为填砂路基时，应分析公路拓宽导致既有公路坍塌的可能性，必要时采取防护措施。

8）新旧路基连接处设置土工织物时，应验算路堤的整体稳定性。按照现行国家标准《土工合成材料应用技术规范》（GB 50292）的要求，通过设计计算并进行现场试验后确定。土工合成材料应采用抗拉强度较高、耐久性好、抗腐蚀的土工带、土工格栅、土工格室、土工垫或土工织物等土工合成材料，应保证路堤稳定并满足允许变形的要求。

9）对新旧路基连接处必要时采用增强路面厚度、增设搭板的方式处理。

5.7.2 桥头路段

1 应在桥台结构、桥头路堤、软土地基处理等方面采取措施，避免桥台推移，实现桥台与台后路堤的平顺过渡。

2 设计

1）桥头路堤

（1）应合理确定桥头填土高度，避免桥头工后沉降过大或地基处理难度过大、造价过高。

（2）对位于深厚软土地基、且台后填土高度较高的桥台，为减少桥台推移，台前宜做反压设计。台前应保证有足够的反压长度，不宜少于10m；反压高度宜取台后填土高度的0.5 ~0.7倍，必要时要分级放坡。

（3）气泡混合轻质土用于减少桥台侧压力时，其底部纵向长度不宜小于5m。

（4）桥台反开挖施工时，应尽量减少反开挖的范围。

2）软土地基处理

（1）排水固结法处理的桥头路段应超载并充分预压。

（2）台前填土范围，应进行软土地基处理，处理方法与台后相同。

（3）桥台附近应设置过渡段，过渡方法通常采用变桩间距、变超载厚度，过渡段长度宜大于式（5.7.2-1）计算得出的L_t值。

$$L_t = \frac{\Delta S}{i_{sa}} \tag{5.7.2-1}$$

式中：L_t——过渡段最小长度（m）；

ΔS——工后最大差异沉降（m）；

i_{sa}——容许工后差异沉降率，见表5.1.5。

（4）桥台与线路斜交时，软土地基处理方案和设计参数变化应尽可能保证路基同一横断面处工后沉降相等。

5.7.3 涵洞（通道）路段

1 涵洞（通道）路段软土地基处理应实现涵洞（通道）与相邻路段平顺过渡。宜采用与相邻路段相同类型的软土地基处理法。

2 设计

1）当工期许可且路堤高度小于6m时，软土地基处理宜采用排水固结法，涵洞（通道）宜采用反开挖施工。

2）采用排水固结法时，应加密涵洞（通道）处的竖向排水体，并宜进行超载预压。涵洞（通道）端部地基处理宜采用小型混凝土预制桩、木桩换填等措施予以加强。

3）当受工期、排灌、交通等限制无法采用反开挖施工时，软土地基处理应采用复合地基。涵洞（通道）下软土很软弱时，涵洞（通道）与混凝土桩之间不宜设置褥垫层，涵洞（通道）两侧应设置过渡段。涵洞（通道）地基处理宽度宜不小于$5B$（B为涵洞宽度）和$B+2L_t$。

4）涵洞（通道）与线路斜交时，软土地基处理方案和设计参数变化应尽可能保证同一路堤横断面处工后沉降相等。

6　软土地基处理施工

6.1　一般规定

6.1.1　施工前应按以下要求调查软土地基处理施工现场及其周围环境情况，复核地基处理方案，编制实施性施工组织设计。

1　施工前应测量上跨路基的电线、桥梁与地面的净空，并根据净空和施工安全规定合理选择施工机械。实测净空与设计图纸偏差较大时应提出。

2　施工前应核实路基范围内的地下管线、构筑物，并按要求采取迁改、保护等措施。

3　施工前应踏勘查明或测量路基范围内及其两侧 30m 范围内的地形、地貌、标高、地物等，现场情况与图纸存在明显差别、影响施工时应提出。

4　沟谷路段应在施工前采用挖掘机进行挖探，核实地质情况、软土空间范围等。当与地质资料不符或出现异常时，应及时向设计单位提出。

5　对可能受地基处理、路堤填筑影响等的建（构）筑物，施工前应由有资质的鉴定单位对其进行鉴定，做好记录。

6　施工过程中，试桩不满足设计要求、地质与勘察报告存在明显出入、路基两侧 30m 范围内存在开挖或堆载作业、周围建（构）筑物出现异常情况等情况时，应及时向建设单位提出。

6.1.2　公路软土地基路段施工安排应考虑与相邻工程、桩基与结构物的相互影响，并应符合以下要求：

1　互通范围内，采用排水固结、搅拌桩复合地基、旋喷桩复合地基处理的路堤，应先进行地基处理和路堤填筑，然后再施工附近桥梁；采用管桩等复合地基的路堤应先进行地基处理，再施工附近的桥梁。

2　桥头路堤填筑完毕且水平位移完成后且填土后不少于 30d，方可施工桥台桩基。桩基施工时不应减少桥台填土高度，桥台过渡段路基推算工后沉降小于 10cm 时方可施工桥台。

3　桥台采用轻质土填筑时，应对轻质土路堤长度 +2 倍路堤高度范围先进行等载预压，预压至推算工后沉降小于 5cm 时方可反开挖施工轻质土。

4　存在改沟、改河的路段，应先改沟、改河，然后进行地基处理和路堤填筑。

5　主线采用管桩、旋喷桩等复合地基，辅道采用复合地基的路段应先进行主线地基处理，然后进行辅道地基处理。

6 涵洞采用复合地基时，涵洞及其两侧20m范围内路堤应在涵洞底板施工后再填筑。

7 管桩等刚性桩复合地基与排水固结联合应用时，应先施工排水板或袋装砂井，然后填筑0.5m路堤土，最后施工刚性桩。

8 搅拌桩复合地基与排水固结联合应用时，应先施工搅拌桩，再施工排水板或袋装砂井。

9 管桩、旋喷桩等应由路基中间向两侧施工，由既有建（构）筑物、地下管线向远处施工，由既有沟渠向远处施工，由桥台向远处施工。

10 复合地基宜采用后退式施工，避免施工机械挤压已施工的桩。

6.1.3 软土地基处理施工机械类型、功率或压力应与桩长、地质相匹配，并经试桩验证。软土地基处理、路堤填筑机械宜安装行驶轨迹自动记录仪和施工参数自动记录仪。施工机械操作员、焊工应持证上岗。

6.1.4 搅拌桩、锤击法施工的管桩等在正式施工前应选择代表性工点进行试桩，验证桩身完整性、强度或承载力是否满足设计要求。每个工点试桩不少于3根，试桩优先选取有地质勘察孔的位置。

6.1.5 地基处理所需要的砂、碎石、砂井袋、排水板、水泥、水、土工布、格栅、钢筋等，在施工前均应按规范要求进行检测合格后方可使用。每个批次、每种规格的原材料、半成品、成品均应检测合格。

6.1.6 地基处理所需要的原材料、半成品、成品应妥善储存，砂井袋、塑料排水板、土工格栅、土工布等应防止阳光照射、污染和破损。

6.1.7 路堤软土地基处理、路堤填筑宜整幅施工。

6.1.8 水泥土桩复合地基法采用外加剂时，须做配合比试验，试桩时可在设计基础上适当调整配合比，根据试桩结果选择合理的配合比。

6.2 换填法

换填施工应符合下列要求：

1 换填区邻近既有建（构）筑物时，应监测换填基坑和建（构）筑物的变形。

2 回填前应检查开挖深度、基底土质是否满足设计要求。

3 回填粉质黏土、黏土等弱透水性材料时，应设置排水盲沟，以避免坑内积水；

地下水丰富且回填砂、碎石或卵石时，可水下回填。

4 回填料密实度应满足设计要求。

5 挖除的土方应放置到批复或指定的弃土场中，并应采取措施确保弃土稳定安全。

6 回填质量应按路堤填筑要求检验。

7 开挖范围和回填情况应详细记录、拍全景照片留底。

6.3 排水固结法

6.3.1 地基处理前，路基两侧应开挖永久或临时排水沟。浸水路段应加强排水，避免围堰内积水。应监测施工期间的地基沉降。

6.3.2 施工便道应避免掩埋排水垫层和车辙切断排水垫层。

6.3.3 排水垫层施工应符合下列要求：

1 排水垫层的宽度、厚度应满足设计要求。

2 排水垫层两侧应开挖排水沟并保证排水顺畅。

3 含有污染土的路段应对固结排出的污水进行隔离和收集，并经处理达到国家相关标准后再排放。

6.3.4 竖向排水体施工应满足下列要求：

1 竖向排水体施工宜采用履带式施工设备，砂井机套管内径不宜大于袋装砂井直径的1.5倍，塑料排水板宜采用菱形套管。

2 插板机宜配备能自动记录排水板长度的记录仪。

3 竖向排水体应沿线路每约20m试打确定打设深度。横向软土分布差异较大时，沿横向也应试打竖向排水体。

4 袋装砂井应采用振动灌砂机灌砂，灌砂机应高于砂井长度的0.5倍。吊打施工袋装砂井断裂时，砂井袋应重新检测。

5 塑料排水板、袋装砂井施工机械套管口应光滑，塑料排水板或袋装砂井破损时或回带长度大于0.5m时应补打。

6 竖向排水体施工带出的淤泥应清除。

6.3.5 加筋材料施工应符合下列要求：

1 铺设加筋材料的基底应平整，基底不应留路拱。

2 加筋材料强度高的方向应沿路堤横向铺设。

3 加筋材料铺设宽度、端部锚固等处理措施应满足设计要求。

4 加筋材料应张拉平直、绷紧并按设计固定，不应褶皱或松鼓。

5 加筋材料搭接宽度、连接方式应满足设计要求，连接强度不应低于其极限抗拉强度。

6 加筋材料铺设后暴晒时间不应超过48h。

7 施工机械不应直接碾压加筋材料，土工格栅上面填料厚度小于0.6m时不应采用重型压实机械压实。

6.3.6 水载预压施工应满足以下要求：

1 蓄水时应监测密封膜、水袋的密封性，并应根据监测资料调整蓄水速度。

2 放水时应防止冲刷路堤。

3 铺设土工材料前应清除底面和围堰表面的尖锐物。

4 水池法水载预压还应符合下列要求：

1）填土尖锐物过多时，应在基底铺设一层砂或其他能保护密封膜的材料。

2）蓄水时出水口宜设置砂包等缓冲设施；出水口应低于围堰顶20cm以上，以防止降雨时水面淹没围堰。

3）预压期间水位降低100mm时应补充蓄水。

4）人畜不应进入水池，围堰或密封膜受损时应修复。

5 水袋法水载预压还应符合下列要求：

1）水袋布置应满足设计要求。

2）水袋承载面应平整，应铺设土工布和隔水膜。

3）充水过程中应保证排气顺畅。

4）水袋上方应设置遮阳网等防晒措施。

6.3.7 真空联合堆载预压施工应满足下列要求：

1 深层密封前宜采用静力触探等手段探明连续透水层分布，桩体搭接宽度应满足设计要求。

2 深层密封墙的泥浆应根据勘察资料与设计要求进行配合比试验；成桩搅拌应均匀，黏土密封墙的深度、厚度、黏粒含量和渗透系数应满足设计要求。

3 真空管网宜采用钢丝橡胶波纹软管连接，连接长度应大于0.1m。真空管网宜埋入排水垫层中0.2～0.3m。

4 铺膜前排水垫层应整平、清除表面尖锐物，并应将竖向排水体埋入垫层。

5 铺膜应在风力小于5级时施工，并应从上风侧开始。

6 密封膜应松弛铺设，搭接应采用热合法。

7 密封沟内不应有砂石等透水材料，应清除沟壁尖锐物，密封膜应踩入密封沟底部。密封沟回填料含有尖锐物时应采取措施保护密封膜。

8 真空膜上土工布的搭接宽度不宜小于0.2m，搭接顺序宜与路堤填筑方向保持一致。

9 进气孔封闭状态下泵上真空度不应低于96kPa。

10 抽真空初期宜逐步增加开泵数量。

11　膜上路堤填筑应在膜下真空度达到设计要求 5 ~ 10d 后进行；路堤填筑前应检查真空膜的漏气漏水情况，并及时修补。

12　膜上第一层填料厚度应大于 0.8m，填料中不应含贝壳等棱角明显的物体。

13　膜上填筑厚度小于 1m 时，应使用小型土方机械施工，并不应小半径转弯。

14　预压期间不应间断抽真空或减少抽真空泵数量；抽真空期间应每天记录用电量。

15　真空卸载应满足设计要求。

6.3.8　路堤应根据碾压加宽和坡脚沉降等因素确定填筑宽度。

6.3.9　设置反压护道应与路堤同步施工，包边土宜与路堤主体同步填筑。

6.3.10　路堤填筑和预压期间排水垫层应露出路堤并排水顺畅。

6.3.11　路堤应根据施工监测资料采用薄层轮加法填筑，等载或超载填筑分层松铺厚度不应大于 300mm。

6.3.12　软土地基路堤填筑高度小于 5m 时不宜冲击或夯击压实。

6.3.13　上路堤、路床预抬高度宜按照式（6.3.13）计算。预压路堤顶面横坡应大于 2.5%。

$$\Delta H = \frac{S_t T_1}{T_t} \tag{6.3.13}$$

式中：ΔH——预抬高度（m）；

S_t——预抬高时已发生的沉降量（m）；

T_1——预抬高时尚未施工的填土厚度（m）；

T_t——预抬高时填土厚度（m）。

6.3.14　预压前应将设计施工期沉降土方填筑完毕。路堤填筑后期及预压期间，应由参建各方对路堤填土标高进行联测，预压荷载不应小于设计值。

6.3.15　在软土地基路堤上设置预制场、进行架梁作业等应做安全评估。

6.3.16　修坡预留宽度应考虑雨水冲刷、工后沉降等因素的影响，一侧预留宽度宜按下式计算，且不应小于 100mm。

$$\Delta w_r = (0.7 \sim 0.8) m_s S_{rT} \tag{6.3.16}$$

式中：Δw_r——单侧预留宽度（m）；

m_s——设计边坡值；

S_{rT}——路中线处工后沉降量（m）。

6.3.17 路基卸载、施工路面前推算工后沉降、工后差异沉降率均应满足设计要求。

6.4 水泥土桩复合地基法

6.4.1 水泥浆泵压力表应标定合格。

6.4.2 搅拌桩施工机械应符合下列要求：

1 搅拌机型号应根据桩长、桩径、地质情况等选择，壁状或格栅状布桩时宜采用多钻杆搅拌桩机。

2 单向搅拌钻头翼片不应少于4枚，双向搅拌钻头翼片不宜少于8枚，翼片厚度不宜小于25mm，搅拌翼片末端与钻杆中心的距离不应小于桩半径；桩长大于15m时，宜采用双向搅拌钻头。

3 浆喷桩配备的泥浆泵工作压力不宜小于5.0MPa，粉喷桩配备的空压机工作压力不宜小于0.7MPa，送浆（粉）管路不宜长于60m。

4 浆喷搅拌桩机应配备浆量记录仪，粉喷搅拌桩机应配备粉体计量装置及搅拌深度记录仪，搅拌桩机上的深度仪、流量计、电流表、电压表、压力表等应经国家计量部门标定。

5 喷粉施工前应仔细检查搅拌机械、供粉泵、送气（粉）管路、接头和阀门的密封性、可靠性。送气（粉）管路的长度不宜大于60m。

6 每台喷浆搅拌桩机应配2个容积不小于$0.5m^3$的灰浆搅拌机，灰浆搅拌机主轴转速不应低于60r/min。

7 应采用避免或减少扬尘的施工机械或措施。

6.4.3 搅拌桩施工应符合下列要求：

1 水泥浆搅拌时间不应小于4min，浆液搅拌均匀后应过筛，储浆池内水泥浆应继续搅拌，不应使用超过4h的浆液。

2 桩位偏差应小于50mm，竖直度偏差应小于1.0%。

3 单向搅拌时应采用下沉、上提、下沉、上提四次搅拌，双向搅拌时应根据试桩确定下沉和上提次数。

4 搅拌下沉速度和提升速度应与叶片枚数、宽度、厚度、叶片与搅拌轴的垂直夹角、搅拌头的转速相互匹配，以确保加固范围内土体任一点的搅拌次数不应少于20次，且下沉、提升速度均不宜大于0.8m/min，转速不宜小于40r/min。

5 浆喷桩在第一次下沉时喷浆量不宜少于总喷浆量的60%。

6 搅拌桩施工中因故停止时，若停机不超过3h，应将搅拌头下沉至停浆（灰）面以下1m进行搭接施工，否则应在旁边补桩。

7 壁状或格栅状布桩时，相邻桩的施工时间间隔不宜超过12h。

8 应定期检查搅拌翼片，翼片不应变形，磨耗量不应超过5mm。

9 施工过程中遇到异常情况时，应及时通知相关单位。

10 搅拌桩施工长度应根据地质资料、试桩结果，结合钻进电流确定。

11 当搅拌桩施工导致既有边坡开裂时，应采取跳桩施工、分区施工、放慢施工进度等措施。

12 相关施工检评标准见附录H。

6.4.4 喷粉法搅拌桩施工应符合下列要求：

1 喷粉施工前应仔细检查搅拌机械、供粉泵、送气（粉）管路、接头和阀门的密封性、可靠性。

2 搅拌头每旋转一周，其提升高度不得超过16mm。

3 搅拌头的直径应定期复核检查，其磨耗量不得大于10mm。

4 当搅拌头到达设计桩底以上1.5m时，应即开启喷粉机提前进行喷粉作业。当搅拌头提升至地面下500mm时，喷粉机应停止喷粉。

5 粉喷桩在第一次下沉、上提时宜各喷总灰量的50%。

6 成桩过程中因故停止喷粉，应将搅拌头下沉至停灰面以下1m处，待恢复喷粉时再喷粉搅拌提升。

6.4.5 旋喷桩施工应符合下列要求：

1 应根据设置直径、地质条件等选择单重管、双重管或三重管施工工艺。

2 三重管法宜采用钻孔、插管、上提旋喷的施工工艺。

3 钻孔位置偏差应小于50mm，竖直度偏差应小于1.0%。钻孔时应记录地层分界深度，并应根据钻孔揭示的地质情况结合设计要求确定钻孔深度。

4 浆液制备和储存应符合本指南第6.4.3条第1款的规定。

5 喷射孔与高压注浆泵之间的距离应小于50m，旋喷桩施工参数宜符合表6.4.5规定，提升注浆管前喷射注浆参数应达到规定值。

表6.4.5 旋喷桩注浆施工参数

注浆参数	单管法	双重管法	三重管法
提升速度（cm/min）	12~18	小于10	小于10
旋转速度（r/min）	大于15	大于10	大于10
浆液流量（L/min）	大于80	大于80	大于80
浆液压力（MPa）	大于20	大于20	20~40
气体流量（m^3/min）	—	1~2	1~2
气体压力（MPa）	—	大于0.7	大于0.7
水流量（L/min）	—	—	80~120
水压力（MPa）	—	—	大于20

6　分段提升的搭接长度应大于0.1m。

7　出现压力陡然下降、上升或大量冒浆等异常情况时，应查明原因并及时采取处置措施。

8　当土质较硬或黏性较大时，可采取先喷一遍清水再喷一遍或两遍水泥浆的复喷措施。

9　浆液凝固回缩导致桩头低于设计标高时应采取回灌或二次注浆等措施。

10　当旋喷桩施工导致既有边坡、建（构）筑物、路堤开裂或位移较大时，应采取跳桩施工、分区施工、添加速凝剂、降低旋喷压力、放缓施工进度等措施。

6.4.6　褥垫层施工应符合下列要求：

1　褥垫层材料的强度、粒径、级配等均应满足设计要求。

2　褥垫层厚度、宽度、平整度等应满足设计要求。

3　褥垫层厚度不大于0.5m时，不宜分层施工。

4　褥垫层施工方法、施工顺序等应避免破坏桩身、土工格栅等，垫层铺设机械宜在已施工的褥垫层上作业，垫层密实宜采用静力压实法。

6.4.7　加筋材料施工应符合本指南第6.3.5条的规定。

6.5　刚性桩复合地基法

6.5.1　工作垫层厚度应满足地基处理施工需要。工作垫层厚度超过1m时宜开挖施工桩帽。

6.5.2　施工便道应避免挤压与破坏桩、桩帽、连梁、板筏等。

6.5.3　刚性桩施工方法应根据设计桩型、地质情况、施工环境、设备情况等综合选择，刚性桩沉桩或成孔应符合下列要求：

1　预制桩可采用锤击法或静压法施工，地基承载力、施工空间满足静压机械要求时应采用静压法施工。

2　采用静压法时，每个工点应进行压桩力检定。

3　采用锤击法时宜采用液压打桩锤并使用打桩自动记录仪，冲锤的冲击力不应小于设计单桩竖向极限承载力标准值。

4　管桩应设置封口型桩尖，并应采取措施避免泥沙等进入管桩内。

5　灌注桩可采用长螺旋、旋挖、冲击成孔，软土地基中素混凝土桩施工宜采用长螺旋泵压法。

6　既有路基中预制桩施工应采用长螺旋钻机或旋挖桩机等进行引孔。

7　钻孔时应观测和记录地层及其变化情况。

8　软土地基中筒桩施工应采用向套管内侧挤土的桩尖。

9　刚性桩桩位偏差不宜大于50mm，垂直度偏差不宜大于1.0%，预制桩第一节桩的垂直度偏差不宜大于0.5%，灌注桩直径偏差不宜大于 -20mm。

6.5.4　桩的连接可采用焊接、法兰连接或机械啮合接口。焊接桩应符合下列要求：

1　焊接桩宜采用二氧化碳保护焊，焊丝宜采用ER50-6型。

2　焊接时钢板宜采用低碳钢，焊条宜采用E43，并应符合现行国家标准《钢结构焊接规范》（GB 50661）要求。

3　上下节桩段错位偏差不宜大于2mm。

4　焊接前坡口应刷至露出金属光泽，焊接宜在四周对称进行，焊缝分层应不小于2层，下一层施焊前应清除焊渣，焊缝应连续、饱满。

5　手工电弧焊的自然冷却时间不应少于5min，二氧化碳气体保护焊的自然冷却时间不应小于3min。

6.5.5　刚性桩桩长确定应符合下列要求：

1　钻孔灌注桩应根据钻孔揭示的地质情况按照设计要求确定桩长。

2　变桩长过渡段应符合设计桩长要求。

3　预制桩或沉管灌注桩采用静压法施工时，终压力不应小于单桩竖向极限承载力标准值。

4　预制桩或沉管灌注桩采用锤击法施工时，施工桩长控制应采用收锤标准为主、设计桩长为辅的双控指标。收锤标准应根据地质情况、单桩承载力、锤重等综合确定。收锤标准可采用下列公式计算，并应利用静载试验或高应变动测仪监测的试桩验证。

$$\Delta_{10} = \zeta \frac{10L_{\mathrm{F}}W_{\mathrm{h}}}{Q_{\mathrm{uk}}} \tag{6.5.5}$$

式中：Δ_{10}——最后10击的贯入度（cm）；

ζ——有效能量系数，可取0.3～0.6，小锤取小值；

L_{F}——冲程（cm）；

W_{h}——柴油锤冲击部分重力（kN）；

Q_{uk}——单桩竖向极限承载力标准值（kN）。

5　预制桩或沉管灌注桩采用振动法施工时，停止下沉的电流、电压值宜根据单桩承载力、试桩结果、工程经验等综合确定，宜通过静载试验进行核实。

6.5.6　混凝土应符合下列要求：

1　混凝土的材料及配合比应根据桩径、灌注方法、强度等级、地质条件等通过试验确定。

2　混凝土泵送时坍落度宜为160～220mm，集料粒径不宜大于30mm；料斗投放时宜为 30 ~ 100mm，软土中宜采用较小的坍落度。

3 混凝土宜由安装自动计量系统的搅拌站供应。

6.5.7 灌注桩混凝土灌注施工应符合下列要求：

1 沉管时应检查进泥、进水或吞桩尖情况，塑料套管混凝土桩（TC）桩还应检查塑料套管深度和破损情况。

2 采用长螺旋钻孔管内泵压法施工时，必须在钻杆芯管充满混合料后开始拔管，严禁先提管后泵料。

3 沉管法施工时，应在桩管内灌满混凝土后原位留振 5 ~ 10s 再振动拔管，每拔出 0.5 ~ 1.0m 应停拔留振 5 ~ 10s。一般土层中提管速度宜为 1.0 ~ 1.2m/min，软土层中宜为 0.3 ~ 0.8m/min。

4 无砂混凝土宜采用下插注浆管、投放碎石、注浆的施工顺序。

5 模袋注浆桩应在土层分界处设置注浆分段点，注浆量不应少于设计桩体积，且不同注浆段的平均注浆量宜相等。

6 施工时桩顶标高高出设计桩顶标高不宜小于 0.3m。

7 混凝土、无砂混凝土桩的充盈系数不应小于 1.0，充盈系数宜为 1.0 ~ 1.2；超过 1.5 时应分析原因，必要时改变桩型或地基处理方案。

6.5.8 沉管法施工、长螺旋泵压法施工时钢筋笼插设宜采用专用插筋器。

6.5.9 刚性桩头处理应符合下列要求：

1 桩土处理时混凝土强度不应小于 80%。

2 桩顶浮浆或质量差的混凝土应凿除或切除。

3 截桩时应避免破坏刚性桩，宜采用圆盘锯桩器截割，严禁用大锤横向敲击或扳拉截断。

4 桩头处理后桩顶应平整，标高应符合设计要求。

6.5.10 桩帽、连梁、筏板施工应符合下列要求：

1 桩帽、筏板施工时刚性桩应经检验合格，且刚性桩强度应不低于设计强度的 80%。

2 基槽开挖、钢筋施工、混凝土施工应避免挤压、破坏刚性桩。

3 管桩、筒桩与桩帽、筏板连接的钢筋应按设计安装，桩体和钢筋进入桩帽或筏板的长度应满足设计要求。

4 桩帽中心与桩顶中心的偏差不宜大于 20mm，桩帽顶面倾角不宜大于 1°，相邻桩帽高差不宜大于 50mm。

5 钢筋安装、混凝土浇筑与养护应满足设计要求。

6.5.11 褥垫层施工应符合下列要求：

1 褥垫层施工时刚性桩、桩帽强度不应小于设计强度的80%。

2 褥垫层材料的强度、粒径、级配等均应满足设计要求。

3 褥垫层厚度、宽度、平整度等应满足设计要求。

4 褥垫层厚度不大于0.5m时，不宜分层施工。

5 褥垫层施工方法、施工顺序等应避免破坏桩帽、连梁、土工格栅等，垫层铺设机械应在已施工的褥垫层上作业，垫层密实宜采用静力压实法。

6.5.12 加筋材料铺设应符合本指南第6.3.5条的规定。

6.5.13 路堤填筑、基坑或沟渠开挖时应避免破坏桩和桩帽。

6.6 气泡混合轻质土法

6.6.1 泡沫轻质土施工设备应符合下列要求：

1 泡沫轻质土制备与输送能力不宜小于90m^3/h，水泥浆输送能力不宜小于30m^3/h，泡沫制备能力不宜小于60m^3/h。

2 施工设备应具有自动进料、电子计量、自动控制、综合信息显示等功能，设备控制系统应具备自动统计和汇总功能。

3 设备各单元控制系统应实现相互联动，实现自动化控制，湿重度实时控制容许误差±0.2kN/m^3。

4 综合信息显示屏应动态显示水泥、发泡剂等计量信息和泡沫密度、水泥浆重度、轻质土重度等控制参数。

5 设备应有出厂合格证、使用说明书，并应经过验收。

6.6.2 泡沫轻质土路堤施工应符合下列要求：

1 正式施工前应通过首件施工验证施工质量，轻质土标准沉陷率不应大于2%，沉陷率不应大于5%。

2 护壁板表面应光滑平整，断面尺寸应符合设计要求。

3 泡沫轻质土应采用分层浇筑，分层厚度不宜大于1m。

4 轻质土的初凝时间不宜小于5h，分仓面积应保障每层泡沫轻质土在初凝前浇筑完。

5 泡沫轻质土浇筑管出料口应埋入轻质土内，深度不小于100mm。

6 上层浇筑施工应在下层轻质土终凝后进行。

7 泡沫轻质土施工应避开38℃以上的时段。

8 当遇到大雨或长时间持续小雨时，未固化的泡沫轻质土应采取遮雨措施。

9 泡沫轻质土固化前应避免对气泡混合轻质土的扰动。

10　泡沫轻质土位于地下水位以下或位于积水区时应采取抗浮措施。

11　每层泡沫轻质土终凝后应保湿养护，后续作业前最上面一层轻质土养护时间不应少于7d。

12　泡沫轻质土顶面不应直接行走机械、车辆。

6.7　过渡段软土地基处理

6.7.1　扩宽路段、桥头路段、涵洞路段、开裂路段、滑塌路段等特殊路段，除应符合本章规定外，还应符合其他章节的规定。

6.7.2　拓宽路段施工应符合下列要求：

1　预制桩宜采用静压法施工，灌注桩、素混凝土桩宜采用长螺旋钻孔法施工，旋喷桩应采取措施减少施工扰动。

2　既有路堤边坡需要削陡时应分段施工，开挖后的边坡应及时防护和遮盖。既有路堤采用砂土填筑时，应采取避免填砂路堤坍塌的措施。

3　路堤填筑宜采用薄层轮加法施工工艺，应根据监测资料控制填土速率。工后沉降、工后沉降差异率应满足设计要求后再施工路面。

4　针对拓宽工程特点，应采取和制订保证既有公路运营安全的措施和应急预案。

6.7.3　桥头路段施工应符合下列要求：

1　桥台附近的软土地基处理和路堤填筑应优先施工。

2　桥头路堤采用排水固结法时，桥台及相邻的1至2跨桥墩桩基应在桥头路堤纵向位移稳定后再施工。当桥头路堤工后沉降不满足设计要求时，桩基施工不宜减少预压土方。

3　反开挖施工桥台时桥头路堤工后沉降应满足设计要求。

6.7.4　涵洞路段施工应符合下列要求：

1　采用排水固结法的路段，涵洞处的地基处理和路堤填筑宜优先实施。

2　反开挖施工涵洞应在预压至工后沉降满足设计要求后进行。

3　基坑开挖、涵洞基础施工宜分段施工。

4　分段边坡坡率不应陡于涵洞基坑边坡坡率，基坑采用支护措施时，分段边坡坡率不宜陡于1∶2。

5　基坑内、基坑边坡上复合地基桩体周围土体应对称、分层开挖，桩两侧高差不应大于0.5m。

6　土方施工机械不应碰撞复合地基桩体，不应开挖桩后土体。

7　基坑开挖土方不应堆在坡顶附近，基坑坡顶施工荷载不应超过设计值。

8　基坑顶面应设置拦水埂，基坑设置排水沟、集水井。

9　涵洞基坑边坡应减少暴露时间，涵洞（通道）两侧应对称回填，并应确保回填质量。

6.7.5　不同软土地基处理方法交接路段施工应符合下列要求：

1　对应软土地基处理方法会产生较大地基变形的路段宜优先施工。

2　真空预压路段与复合地基路段相邻时，应采取措施避免抽真空产生的深层水平变形对复合地基桩体倾斜度控制的不利影响。

3　不同软土地基处理方法交接路段应进行软土地基监测，根据监测结果动态调整施工工序。

7 软土地基处理监测与检验

7.1 一般规定

7.1.1 软土地基处理监测应达到评估地基、路堤稳定性、预测地基、路堤工后沉降等检测目的。

7.1.2 软土地基应根据地基、路堤的地质条件、地基处理设计、路堤设计、周边环境、施工安排等进行监测设计和监测实施。

7.1.3 监测等级划分宜按表 7.1.3 确定。

表 7.1.3 监测等级划分

监测等级	路段类型	路段条件
一级	C1.1	高度超过路基极限填土高度且采用排水固结或复合地基处理的路段
	C1.2	采用排水固结法处理且计算沉降大于 3 倍容许工后沉降的路段
	C1.3	差异沉降要求严格的路段
	C1.4	试验段工程
二级	C2	其他软土地基路段

7.1.4 软土地基监测应综合利用仪器量测、现场巡查等手段，并宜采用自动化监测手段。

7.1.5 软土地基监测应减少与地基和路基施工、运营的相互影响。

7.1.6 软土地基监测信息的传递应及时。

7.1.7 软土地基监测应坚持动态设计、实时原则。

7.2 监测设计

7.2.1 软土地基监测设计包括监测断面、监测项目、监测频率、监测时间和监测标准等。

7.2.2 监测断面的确定宜与软土地基补充勘察结合进行，以便合理确定监测断面位置。

7.2.3 一般路段监测断面间距宜小于100m，结构物附近应设置1～3个监测断面，应根据路基稳定性分析和周边环境等因素确定监测断面位置。为预测工后沉降差异，应分别在距离桥台搭板末端约0、20m、40m处设置沉降观测断面，在复合地基与排水固结交界面及其两侧各20m左右处也应设置沉降观测断面。

7.2.4 监测项目选择应符合下列规定：

1 监测项目确定应符合表7.2.4的规定。

表7.2.4 监测项目

路段类型	地基处理方法	表面沉降	分层沉降或深层沉降	水平位移	孔隙水压力	土压力	地下水位	裂缝形态
C1.1	排水固结	应测	可测	应测	可测	—	宜测	宜测
	复合地基	应测	可测	应测	可测	可测	可测	宜测
C1.2	排水固结	应测	宜测	可测	可测	—	可测	宜测
C1.3	—	应测	应测	—	—	—	—	宜测
C2	—	应测	可测	可测	可测	可测	可测	宜测

2 当反开挖施工桥台、涵洞时，应监测桥台附近路基的水平位移、涵洞处路基的表面沉降。

3 对表征路基稳定性的裂缝，应监测裂缝的位置、宽度、长度等。

4 既有路基改造工程应按新建路基选择监测项目，并应监测既有路基的沉降及新旧路基之间的差异沉降。

7.2.5 表面沉降监测点应设置在路中线和路肩附近，路堤顶宽较小时，可只设置在路肩附近。对于刚性桩复合地基，宜同时监测桩顶沉降与桩间土沉降。分层沉降和孔压监测点宜设置在路中线附近，测斜管、地下水位观测孔、水平位移宜设置在坡脚，单侧设置时测斜管应设置在路基稳定性较差的一侧。

7.2.6 路基变形测量基准点、路基变形测量控制网的设置应按现行国家标准《工程测量规范》（GB 50026）和现行行业标准《建筑变形测量规范》（JGJ 8）执行，路基变形控制网宜和施工控制网联测。

7.2.7 监测精度应符合表7.2.7的规定。

表7.2.7 监测精度

检测项目	监测精度要求
表面沉降	填筑期不宜低于四等测量精度要求，预压期不宜低于三等测量精度
分层或深层沉降	不宜低于2mm
边桩水平位移	监测等级不宜低于四等测量精度
深层水平位移	不宜低于2mm
孔隙水压力	不宜低于量程的1.0%
土压力	不宜低于量程的1.0%
真空度	不宜低于1kPa

7.2.8 监测频率应符合下列规定：

1 监测频率不宜低于表7.2.8的规定。

表7.2.8 监测频率

路段类型	施工阶段	监测频率
C1.1	路基填筑期	1次/1d
	路基填筑间歇期	1次/3d，且不少于1次
	预压期前3个月	1次/7d
	预压3个月后	1次/15d
C1.2、C1.3、C2	路基填筑期	1次/3d
	路基填筑间歇期	1次/7d
	预压期前3个月	1次/7d
	预压3个月后	1次/15d

2 当C1.1路段填筑高度小于路基极限填土高度时，可采用C1.2路段的监测频率。

3 监测数据异常或出现危险征兆时应加大监测频率。

7.2.9 监测设计应明确监测期限，监测期限应满足监测目的的要求。

7.2.10 路基稳定性报警值应符合下列规定：

1 报警值应根据软土厚度与性质、地基处理方法、地区经验等因素综合确定。

2 对天然地基路基、排水固结法路基，当加载速率约为5kPa/d时，可按表7.2.10-1确定沉降速率报警值，可按表7.2.10-2确定水平位移速率报警值。

3 对天然地基、排水固结法路基，孔隙水压力系数报警值可取0.7~1.0。

4 对散体材料桩复合地基路基，报警值宜取桩间土承担荷载的比例与天然地基、排水固结法路基报警值之积。

表 7.2.10-1　沉降速率报警值（单位：mm/d）

软土厚度 Z（m）	软土不排水抗剪强度 C_u（kPa）	
	10～20	20～35
$Z \leqslant 10$	10	6
$10 < Z \leqslant 20$	15	10

表 7.2.10-2　水平位移速率报警值（单位：mm/d）

B（m）	软土不排水抗剪强度 C_u（kPa）	
	10～20	20～35
$B \leqslant 15$	6	4
$15 < B \leqslant 30$	8	6

注：B 为路基底宽与顶宽的平均值的一半。

5　对柔性桩复合地基、刚性桩复合地基路基，桩间沉降报警值可取路基极限填土高度对应的天然地基沉降。

7.2.11　当采用沉降速率法确定路基卸载时间时，沉降速率标准应符合下列规定：

1　沉降速率标准宜根据软土性质、地基处理方法、地区经验、容许工后沉降、总沉降等综合确定。

2　对采用排水固结法的等载预压路段，可按表 7.2.11 确定沉降速率标准。

表 7.2.11　沉降速率标准（单位：mm/月）

总沉降量 S（mm）	容许工后沉降量 S_{rTa}（mm）		
	100	200	300
$S \leqslant 1000$	5	6	7
$1000 < S \leqslant 2000$	4	5	6
$S > 2000$	3	4	5

7.2.12　沉降板宜采用反挖法埋设，坑深不宜小于 0.5m，测杆垂直度偏差不应大于 1%。沉降观测桩周围应浇筑混凝土固定。

7.2.13　分层沉降管和沉降环埋设应符合下列规定：

1　分层沉降管接管和底端不应进入泥浆，接头不应影响沉降环下沉。

2　沉降环埋设前应利用探头检查确认工作正常，沉降环埋设应使沉降环与地基土沉降相同。

3　真空联合堆载预压路段宜预留分层沉降管与土体之间沉降差需要的密封膜，并将其放在分层沉降管的保护管内。

7.2.14 边桩、基准桩埋设应符合下列规定：

1 边桩、基准桩埋置深度不宜小于 1.2m。

2 当采用测距法时，基准桩与边桩连线方向应与地基最大水平位移方向一致，桩顶标高宜一致。

3 采用测边角法时，边桩与视准线两端基准桩的距离宜相等。

4 小角法基准线的方向应垂直于最大水平位移方向。

5 基准桩应设置在路基影响范围之外，边桩、基准桩周围宜浇筑混凝土固定。

7.2.15 孔隙水压力计埋设应符合下列规定：

1 流泥中孔隙水压力计应避免与土体不同步沉降。

2 孔隙水压力计安装透水石前应测量初始频率并记录现场温度。

3 当地基中有竖向排水体时，孔隙水压力计宜布置在竖向排水体平面分布的中心处。

4 当采用钻孔埋设时，每个钻孔埋设的孔隙水压力计宜为 1 支。

5 孔隙水压力计宜采用先钻孔后压入的埋设方式，压入深度不宜小于 0.5m。

6 孔隙水压力计埋设前，透水石应煮沸排气 2h 以上，并在不接触空气的状态下移入充满水的钻孔中。

7 压入孔隙水压力计的过程中，应利用读数仪监测孔隙水压力，孔隙水压力不应大于其量程。

8 孔隙水压力计的电缆应编号、标识并避免电缆受损。

7.2.16 土压力盒埋设应符合下列规定：

1 埋设前应测量初始频率并记录现场温度。

2 宜在填筑 0.5m 后反开挖埋设，反开挖边长或直径不应小于反开挖深度的 3 倍。

3 当采用现浇桩帽时，土压力盒顶面宜与桩帽顶面齐平。

4 土压力盒的电缆应编号、标识。

7.2.17 地下水位观测管埋设应符合下列规定：

1 地下水位观测管的位置和深度应符合设计要求。

2 管节接头不应渗水，管顶应有管盖。

3 进水段与孔壁之间应回填洁净中粗砂，其余部分宜采用风干膨润土泥球回填密实。

4 管内水位稳定后，向管内注入清水，其高度为 3～5m 时，水位恢复时间不应大于 120h。

7.2.18 真空度测头和真空表安装应符合下列规定：

1 膜下真空度测头应埋设在两根支管中间位置。

2 软管应预留与差异沉降相适应的长度，穿过密封膜时不应漏气。

7.2.19 监测数据应进行误差分析、处理和修正，并应符合下列规定：

1 沉降、边桩水平位移宜进行平差计算和处理，并宜评定精度。

2 孔隙水压力、土压力宜进行温度修正。

3 深层水平位移宜利用测斜管位置曲线与其初始位置曲线相减得到；当存在测斜仪不稳定、更换过测斜仪或者更换测斜管等情况时，深层水平位移应采用位移增量累加值。

4 对路基裂缝应分析其分布和发展规律。

7.2.20 监测资料分析宜绘制下列关系曲线：

1 包含路基荷载的沉降、水平位移、孔隙水压力等的时程曲线。

2 包含路基荷载的沉降速率、最大水平位移速率等的时程曲线。

3 瞬时沉降、孔隙水压力增量、最大水平位移等与荷载的关系曲线。

4 路基荷载、深度与分层沉降的关系曲线。

5 分层沉降、水平位移、孔隙水压力等与深度的关系曲线。

6 沉降、工后沉降、工后转角等与里程或长度的关系曲线。

7 深度与排水体真空度的关系曲线。

8 裂缝宽度、长度、错台等的时程曲线。

7.2.21 对各种监测项目，应通过检查监测指标变化幅度和变化规律的合理性、与其他监测项目的关联性，结合勘察、设计和施工等资料判断监测数据的合理性、可靠性，存在问题时应查找原因、采取对策。

7.2.22 采用报警值法评估路基稳定性应符合下列规定：

1 对排水固结法路基、散体材料桩复合地基路基，报警值法宜采用沉降速率、水平位移速率、孔隙水压力系数等指标；对柔性桩复合地基路基、刚性桩复合地基路基，宜采用桩间沉降；当监测结果大于报警值时，应进行危险报警。

2 当连续 2d 的沉降速率或水平位移速率大于报警值的 60%，或者连续 3d 的沉降速率或水平位移速率大于报警值的 40% 时，应进行危险报警。

3 当沉降速率、水平位移速率接近报警值时，宜利用其他监测项目和方法综合分析，评估路基稳定性。

7.3 监测实施

7.3.1 除施工单位进行施工监测外，必须由有资质的单位进行第三方监测，第三方监测断面的数量应大于总断面的 30%。

7.3.2 成立以建设管理单位代表为组长的软土地基监测小组，负责制订软土地基监测培训、数据报送流程、预警流程、预警处理、填土审批和仪器保护等制度，并负责落实。

7.3.3 宜在软土地基处理前埋设仪器，地质条件变化时应调整断面位置。

7.3.4 应选择合适的仪器并正确埋设，加强对监测仪器的保护。

1 沉降板宜在软土地基处理前埋设，真空联合堆载预压路段监测表面沉降的沉降板宜设置在密封膜上侧，沉降板与密封膜之间应采取保护密封膜的措施。

2 分层沉降环的沉降距离应满足最大沉降量要求，分层沉降管与路堤之间应设置隔离管，分层沉降管应具有足够的抗压强度，深层沉降标测杆外侧应设置套管。

3 真空联合堆载预压路段分层沉降管与密封膜密封连接时，应预留分层沉降管与土体之间沉降差需要的密封膜，并将其放在膜上侧分层沉降管外套的混凝土管内。

4 测斜管应进入地基处理深度以下的硬土层不少于1m，并使1对滑槽处于垂直路堤方向。

5 最大孔压对应的测量值宜控制在传感器全量程的50% ~80%范围内，每个钻孔仅可埋设一支孔压传感器。

6 土压力传感器量程选择，应考虑桩体应力集中、施工荷载等因素的影响。土压力传感器应挖坑埋设并避免破坏加筋材料，一旦破坏应及时修复，使其强度达到原强度。

7 膜下真空计应设置在相邻两滤管之间，并在整个场地内均匀布置。真空表应进行标定。

8 真空联合堆载预压路段地下水位观测宜采用磁环浮标式水位计。

7.3.5 软土地基施工监测应重视对路堤及两侧地表面裂缝或隆起、排水垫层排水情况、填土情况等因素的观察和记录，详细记录监测断面附近地基处理施工、路堤填筑和周边环境变化等情况。

7.3.6 应结合路堤和软土地基状况，综合分析监测资料，利用表观法、监测指标法及拐点法等综合分析判断路基的稳定状况。拐点法宜采用累积荷载集度—累积孔压增量（$P\text{-}\sum\Delta_x$）曲线、累积荷载集度—累积最大侧移速率（$P\text{-}\sum V_d$）曲线、累积最大沉降速率（$P\text{-}\sum V_s$）曲线等。

7.3.7 沉降推算宜采用预压后期的监测数据，宜采用双曲线法推算最终沉降，具体计算过程见附录D。路基填筑过程中宜采用沉降差法预测总沉降，据以指导总的填土厚度。前期沉降数据缺失或非等载预压越级预测沉降时，可假设瞬时沉降和固结沉降与荷载成正比。

7.3.8 应核对预压荷载是否满足设计要求，预测工后沉降时应考虑超载和欠载的影响。宜考虑路堤工后压缩量和工后次固结沉降。存在软土下卧层时，应利用分层沉降数据分层推算工后沉降。

7.4 设计参数检验

7.4.1 单桩竖向抗压承载力可通过单桩竖向抗压静载试验确定，见附录 I。试验可按现行广东省标准《建筑地基基础检测规范》（DBJ/T 15-60）的规定执行。

7.4.2 复合地基承载力可通过平板载荷试验确定，见附录 J。

7.4.3 平板载荷试验可按现行广东省标准《建筑地基基础检测规范》（DBJ/T 15-60）的规定执行。

7.4.4 地基处理前后进行原位十字板剪切试验和取土进行室内土工试验，通过地基土处理前后物理力学指标对比评估处理深度。

7.4.5 膜下真空度通过与埋设在膜下的真空度测头连接的真空表进行监测。

7.5 施工验收检验

7.5.1 通过静力触探试验、十字板试验、标准贯入试验、荷载试验等原位测试手段检验地基处理质量，评估加固效果。

7.5.2 通过钻孔取土进行室内固结试验，处理前后土体孔隙比、变形模量对比，评估加固效果。

7.5.3 工后沉降为从公路交工之日至路面设计使用年限末所产生的沉降。路基工后沉降应符合行业标准《公路路基设计规范》（JTG D30—2015）的容许工后沉降要求。

7.5.4 利用预压阶段的监测资料推算最终沉降是工程常用的方法，双曲线法属于曲线拟合法，推算的最终沉降包含了部分次固结沉降，往往更接近实际沉降，交通行业、珠海地区习惯采用双曲线推算方法。

8 试验工程

8.1 一般规定

8.1.1 软土地基试验工程应在以下情况时进行：

1 采用新方法、新技术、新工艺、新材料、新设备时。

2 软土地基路段长且软土性质接近时，应采用不同设计参数在试验工程进行试验，为完善设计或变更设计提供依据，为后期大规模施工提供经验或指导。

8.1.2 试验工程应达到以下目的：

1 确定设计路段软土地基的强度和变形特性，提供符合实际的设计参数。

2 检验设计方案和设计理论方法的合理性和可靠性及其实施的效果，为修正和完善设计提供依据。

3 对于疑难问题及新材料、新技术和新工艺的引进开展专门研究，取得在当前工程应用的经验。

4 完善施工工艺，落实针对项目的工程质量控制的方法和标准，确保工程质量和安全施工。

8.1.3 试验工程路段宜选择在方便施工组织、纵坡较小的直线或大半径平曲线段上。试验区段的长度宜大于50m，且大于路堤基底宽度的2倍。试验段路堤的断面形式、尺寸、填料等应与实际工程情况一致。

8.1.4 除特殊情况外，应进行包括路堤填筑的软土地基处理的原位试验，预压时间应大于6个月，以验证效果。

8.1.5 试验工程应在施工前编制试验研究大纲，制订详细的试验研究计划，并进行试验工程设计与现场观测设计。

8.2 试验工程设计

8.2.1 试验工程设计前可进行必要的补充工程地质勘察和测试，以满足各试验段具体方案设计的需要。

8.2.2 试验工程设计应包括试验工程方案设计和现场观测设计。

8.2.3 试验工程方案设计应在初步设计的基础上，针对拟解决的问题，进行试验研究方案的施工图设计。设计文件应提交工程施工需要的常规图表和相应的资料，对试验工程所采用的地基处理方法、施工工艺和施工顺序进行说明，并应符合下列规定：

1 应分段明确试验的目的和要求，并对所采用的地基处理方法中的关键技术、关键参数及特殊材料的质量要求、施工工艺和施工顺序、质量控制标准等进行详细说明。

2 应明确整个试验工程的施工工艺流程，对原位观测仪器设备的埋设、地基处理施工、路堤填筑加载预压及卸载等关键工序的施作顺序及时机作出具体规定。

3 应明确路堤填筑材料的质量要求、加载速率控制标准、填筑压实质量检验方法等内容。

8.2.4 现场观测设计应根据试验路段的地质条件和地基处理方案的特点进行，必要时应对某些项目进行长期观测设计和增加必要的原位测试。现场观测设计应包括下列内容：

1 确定观测及试验的项目。

2 明确观测点的布置位置。

3 选定观测仪器设备，明确埋设要求及保护方案。

4 明确观测及观测资料整理与分析要求。

5 明确对观测研究报告的要求等。

8.2.5 试验工程观测及试验的项目，应根据试验研究的目的，按表 8.2.5 确定。

表 8.2.5 试验工程观测项目

观测项目		观测仪器设备	观测目的
沉降	地表沉降	沉降板、水准仪	（1）观测地表沉降或隆起量，控制加载速率； （2）预测沉降趋势，确定预压卸载时间； （3）提供施工期间沉降土方量的计算依据
	地基分层沉降	导管、磁环、分层沉降仪	观测地基不同层位的沉降，确定有效压缩层的厚度
水平位移	地基深层水平位移	测斜管、测斜仪	（1）观测地基深层土体水平位移，判定土体剪切破坏的位置，掌握潜在滑动面发展变化，评价地基稳定性； （2）用于路堤施工过程中的稳定性控制
压力	孔隙水压力	孔隙水压力计	测定地基中孔隙水压力，分析地基土层的排水固结特性及其对地基变形、强度变化和地基稳定性的影响
	土压力	土压力盒	（1）用于测定路堤底部和地基中的土压力，根据压力分布情况评价复合地基处理效果； （2）用于研究土拱效应

表 8.2.5（续）

观测项目		观测仪器设备	观测目的
其他	十字板剪切强度、锥尖阻力（总贯入阻力）	十字板剪切仪、静力触探仪	（1）测定地基土原位强度，评价地基处理效果； （2）计算稳定安全系数，评价地基的稳定性
	地下水位（辅助观测）	水位观测管	（1）观测地下水位变化，测定稳定水位，配合其他观测项目综合判定路堤施工过程中的稳定性； （2）用于超静孔隙水压力计算
	承载力	加载装置和量测仪器等	测定地基和单桩的承载能力，可用于在构造物位置复合地基的检测

8.2.6 试验工程观测点的布置应符合下列规定：

1 观测断面宜垂直于路线中线并靠近试验段的中部设置，观测断面距试验段两端的距离不宜小于 50m。

2 沉降观测断面上的沉降板宜布置在与路中心、路肩、边坡中部以及边坡坡脚对应的地表位置。分层沉降仪宜布置在与路中心对应的位置；观测磁环可布置在各土层的分界面或按一定的间距布置。

3 测斜管宜设置在边坡坡脚。

4 孔隙水压力计宜布置在路中心相对应的地基中。孔隙水压力计在深度 15m 以内的软土层中竖向布设间距宜为 2～5m，在深度大于 15m 的范围内宜布设 1～2 支。

5 土压力盒宜靠近路中心布置。

6 承载力与原位强度测试点的位置应根据工程的具体要求而定。十字板剪切比对试验孔应分组设置，每组 3～4 个孔，其中 1 个孔用于测定天然地基的强度，另外的预留孔布设在该孔周围，用于测定路堤施工过程中不同阶段地基土强度的变化。当采用静力触探测试时，布孔原则应与十字板剪切试验相同。

7 用于观测地下水位变化、配合其他观测项目综合判定路堤施工过程中的稳定性的水位管应埋设在路堤边坡坡脚或路堤内。当用于观测稳定水位时，水位管应埋设在受路堤及施工荷载应力影响范围以外。

8 单孔出水量观测集水井宜靠近路堤边坡坡脚设置，用于观测出水量的竖向排水体，宜选择与路中心、路肩、边坡中部以及边坡坡脚对应的位置处的竖向排水体。

9 观测点应在整个观测断面上布置。当地基土层和路堤断面均匀对称时，可仅在半个断面上布置。

10 应提供观测点布置的平面图和横断面图。

8.2.7 观测仪器设备的埋设及保护应符合下列规定：

1 埋设前结合仪器设备的特点和要求，做出现场埋设工作的施工顺序和组织计划。

2 埋设前进行检测和标定，并做好标记。

3 严格按照施工要求，由专门的技术人员埋设。

4 埋设后的仪器应及时调试，检查验收合格后，记录初始读数。验收不合格时，应报废并另行埋设。

5 埋设好的仪器设备应进行保护，避免现场施工干扰和破坏。对于易损坏的仪器设备，应预先加固、加锁。

6 应制定观测仪器设备损坏后的补救措施。

8.3 试验工程实施

8.3.1 应进行技术交底，领会试验目的和意图。

8.3.2 应严格按照规范和设计要求，进行软土地基处理所需材料检验和软土地基处理施工，并作好详细的施工纪录。

8.3.3 检测和监测仪器应符合规范和设计要求，经检定或校准满足规范和设计要求后方可使用。监测设备应在软土地基处理前埋设。应（必须）对现场检测及监测设备采取保护措施，掌握合理的检测和监测时机，确保检测和监测结果的可靠性。

8.3.4 试验工程范围内存在需要回填的塘涌时，应抽干塘水后再进行塘底软土地基处理。路堤填料、分层厚度、碾压质量均应按照规范和设计要求控制。除了试验要求外，试验段路堤填筑应按照现行行业标准《公路软土地基路堤设计与施工技术细则》（JTG/T D31-02）要求填筑速率进行。

8.3.5 应对补充勘察、仪器埋设、工作垫层施工、塘涌回填、排水垫层铺设、软土地基处理、路堤填筑、预压、卸载、检测与监测等所有过程及其环境进行详细记录。

8.3.6 试验工程应尽早实施，及时分析总结和编制试验研究报告，以指导全线的设计和施工。

8.3.7 建设单位、设计单位、监理单位和施工单位应加强联系与沟通，保证试验目的的实现。

8.4 试验工程监测及效果分析

8.4.1 观测人员应熟悉各观测项目所用仪器设备的工作性能及技术参数，掌握有关检测、调试、测定的方法。

8.4.2 试验工程地表沉降观测的方法与要求应符合下列规定：

1 基桩沉降观测应按二等水准测量要求进行，观测允许误差应为±1mm，可用DS_1型水准仪配因瓦水准尺。

2 路堤填筑期和预压期的沉降观测可按三等水准测量要求进行，观测允许误差应为±3mm，可用DS_3型水准仪配红黑面木尺或因瓦水准尺；当预压后期沉降小时，按二等水准测量要求进行观测，观测允许误差应为±2mm，可采用DS_1型水准仪配因瓦水准尺。

3 沉降观测在施工期应每填一层观测一次；路堤填高达到极限高度之后应每天观测一次；临时中断施工或加载间隙期，可3d观测一次。

4 在预压期间，第一个月内应每3d观测一次，第二个月至第三个月宜每7d观测一次，从第四个月起至预压期末可每半个月观测一次。

5 应根据沉降观测资料绘制沉降—时间—荷载关系曲线，分析沉降发展趋势，计算沉降速率。

8.4.3 地表隆起量可采用水准仪观测，观测频率同8.4.2地表沉降观测的频率。并应根据沉降观测资料绘制隆起—时间—荷载关系曲线，分析地表隆起发展趋势，计算隆起速率。

8.4.4 地基分层沉降应采用分层沉降仪观测，观测的频率与地表沉降观测相同。每次观测应进行两次平行观测，以保证观测精度，同一磁环测值允许误差应为+2mm。应根据分层沉降观测资料绘制分层沉降—时间—荷载关系曲线，分析沉降发展趋势，计算沉降速率，掌握分层土体固结情况，评价地基处理效果。应根据分层沉降观测资料绘制沉降（时间）—深度关系曲线，论证压缩层厚度确定的适宜性。

8.4.5 试验工程地表水平位移观测的方法与要求应符合下列规定：

1 在地势平坦、通视条件好的平原地区，水平位移观测宜采用极坐标法，用光电测距仪或全站仪观测，测距允许误差应为±5mm。

2 当无测距仪时也可采用普通钢尺量测，量测时的标准拉力应为100N，测距允许误差应为±5mm。

3 在地形起伏较大或水网地区宜采用前方交会法，用DJ_1或DJ_2经纬仪观测，测角允许误差应为±2.5"。

4 在路堤填高达到极限高度后第一个月内，应每天进行一次稳定观测；临时中断施工或加载间隙期，可每3d进行一次稳定观测；间隙期超过一个月后，可每月观测一次。

5 应根据水平位移观测资料，绘制地表水平位移—时间—荷载关系曲线，分析位移发展趋势，及时确定路堤的稳定状态。

8.4.6 地基深层水平位移观测应符合下列规定：

1 应在测斜管与周围被扰动土体的相互作用密合稳定后开始观测，将第一次观测的初读数作为位移零点。

2 观测时应将测斜仪测头导轮卡置于测斜管导槽内，轻轻将测头放入测斜管中，放松电缆使测头滑至孔底，根据电缆上的深度标志记下深度。

3 应将测头在孔底停置5min后，拉起到最近深度标志为测读起点，每隔0.5m测读一个读数，测至管顶位置。每次读数时均应将电缆对准标志并卡紧，以防读数不稳。

4 应将测头调转180°，重新放入测斜管中重复上述步骤测读。应根据两次的测读数据计算位移值。

5 在路堤填高达到极限高度后第一个月内，应每天进行一次稳定观测。临时中断施工或加载间隙期，可每3d进行一次稳定观测；间隙期超过一个月后，可每月观测一次。

8.4.7 应根据深层水平位移值绘制位移（时间）—深度关系曲线，及时确定最大位移的位置，掌握潜在滑动面发展变化。当发现每昼夜的最大位移大于5mm时，应结合其他观测资料，判断并报告地基的稳定性。

8.4.8 孔隙水压力观测应符合下列规定：

1 在路堤填筑加载之前，应测定各测点的初始孔隙水压力值，并将该值作为该测点孔隙水压力零点。

2 在施加每一级荷载的过程中，应在施加荷载之前和施加荷载完毕之后分别观测。

3 当孔隙水压力急剧增大时，应跟踪观测，直到孔隙水压力消散稳定为止。

4 在加载间歇期，初始10d内，每隔2～3d观测一次，以后可每隔15～20d观测一次。

8.4.9 应根据孔隙水压力观测资料，绘制荷载ΔP作用下，间歇加载期间（不小于30d）的孔隙水压力u随时间t的消散曲线，即u-t-ΔP关系曲线和孔隙水压力增量（$\sum \Delta u$）—荷载压力增量（$\sum \Delta P$）关系曲线。利用u-t-ΔP关系曲线分析地基土层的排水固结特性，利用$\sum \Delta u \sum \Delta P$曲线判断路堤与地基的稳定性。

8.4.10 土压力观测应符合下列规定：

1 待土压力盒埋设完毕并与地基土接触密合之后，在路堤填筑加载之前，应测定土压力盒的初始读数，作为土压力的零点。

2 在施加每一级荷载的过程中，应在施加荷载之前和施加荷载完毕之后分别观测。

3 在加载间歇期可每隔5～10d观测一次。

8.4.11 应根据土压力观测资料绘制测点压力—时间—荷载关系曲线。当研究土拱效应时，应绘出地基反力增量（$\sum\Delta P$）的松弛和拱效应发展情况图。

8.4.12 测定地基和单桩承载力的载荷试验可参照现行行业标准《建筑地基处理技术规范》（JGJ 79）和《建筑基桩检测技术规范》（JGJ 106）有关规定执行。对复合地基载荷试验，应绘制压力—沉降（P-S）曲线；对单桩载荷试验，应绘制荷载—沉降（Q-S）曲线、沉降—时间对数（S-lg$t$）曲线，根据曲线确定承载力特征值。

8.4.13 现场十字板抗剪强度和静力触探锥尖阻力（总贯入阻力）的测试应按照现行国家标准《岩土工程勘察规范》（GB 50021）的规定执行。在路堤填筑之前应在每组试验孔中取选一孔测定天然地基的强度，其余预留孔测定路堤施工过程中不同阶段地基土的强度。应绘制十字板抗剪强度—深度关系曲线和锥尖阻力（总贯入阻力）—深度关系曲线，分析地基土强度的变化情况并计算稳定安全系数。

8.4.14 地下水位可采用接触式水位有声发光测量仪观测。用于配合某观测项目综合判定路堤施工过程中稳定性的水位观测频率宜与该项目观测频率相同或适当提高；用于稳定水位观测时，可每周观测一次。

8.4.15 应绘制水位—时间—荷载关系曲线，根据曲线发展变化趋势分析地基的稳定性。

8.4.16 试验工程应分阶段提交成果报告，报告应包括下列内容：

1 补充地质勘察报告（若有）。

2 材料试验成果报告，包括路堤填筑材料和地基处理所用的各种材料的质量检测报告等。

3 试验工程方案设计及现场观测设计文件。

4 试验工程施工计划书。

5 试验工程施工进程记录及施工质量检测报告。

6 现场观测仪器设备埋设与检测调试报告。

7 现场观测结果报告，包括观测结果数据记录报表、各种关系曲线、试验结果的分析及处理意见。

8 试验研究工作报告。

9 试验工程总报告。

附录 A　珠海市第四系地层划分

珠海市地处广东省中部沿海、珠江三角洲南部前缘。珠海市地貌主要为丘陵、台地及平原。平原区主要分布在磨刀门水道、泥湾门水道、鸡啼门水道及虎跳门水道等大河道两侧，以及沿海海湾淤积、海岛周边淤积和人工围垦而成的平原区，其沉积物以淤泥、淤泥质土为主，其次为粉质黏土（黏土）和砂层。下伏基岩主要为燕山期侵入体花岗岩，局部为侏罗系、泥盆系、寒武系沉积岩，岩性主要为砂岩，见表 A。

表 A　珠海市第四系地层综合地质柱状图表

成因分类	成因代号	地层名称	柱状图	地 层 特 征
人工填土层	Q^{ml}	人工填土		褐黄、褐灰等色，一般呈松散状态，密实程度不均匀。地表普遍分布，厚度一般3～5m
耕植土层	Q^{pd}	耕植土		褐灰等色，一般由黏性土组成，含植物根茎，厚度一般0.5m左右
第四系海积相或海陆交互相沉积层	Q^{m}、Q^{mc}	淤泥		深灰色～黑色，含有机质，一般不均匀含有粉细砂或贝壳碎屑，具腥臭味，呈饱和、流塑状态。该层普遍分布，层厚10～30m
		淤泥质砂		灰色为主，主要成分石英质，一般含淤泥质10%～30%，局部含贝壳碎屑，松散～稍密状态。局部分布，层厚0～5m
		粉质黏土、黏土		浅黄、灰、灰白等色，不均匀含少量石英砂，可塑～硬塑状态。较普遍分布，层厚0～5m
		淤泥质土		深灰色～黑色，含有机质，不均匀含有粉细砂，具腥臭味，呈饱和、流塑状态。较普遍分布，层厚0～20m
第四系冲洪积层	Q^{al+pl}	粉质黏土、黏土		褐黄、浅黄、灰白等色，含少量石英砂，可塑～硬塑状态。较普遍分布，层厚0～10m
		（中、粗、砾）砂		浅黄色、灰黄、灰白等色，颗粒成分以石英为主，含黏粒，黏粒含量不均，主要呈稍密～中密状态。较普遍分布，层厚0～15m
坡积层	Q^{dl}	粉质黏土		褐黄色，含10%左右的石英砂，可塑～硬塑状态。局部分布，层厚0～4m
残积层	Q^{el}	粉质黏土、砂（砾）质黏性土		褐黄、褐红、灰白、褐黑等色，遇水易软化、崩解，可塑～硬塑状态。普遍分布，层厚5～35m

附录 B　珠海市软土沉积成因及分布规律

珠海市软土按沉积成因可分为三类：滨海相软土、三角洲相软土和内陆相软土，滨海相软土主要分布于滨海平原海湾地段和海岛周边，为近代海退所形成的浅海堆积，分布范围广，厚度大，为珠海市最主要的软土层；三角洲相软土主要分布在磨刀门、泥湾门、鸡啼门和虎跳门等河道两侧的平原地段；内陆相软土主要分布于山（台）前洼地或河谷地段。软土主要见于全新统灯笼沙组地层中，局部见于全新统横栏组地层中，多裸露于地表或伏于填土之下，呈单层或多层结构，以灰黑色淤泥、淤泥质土为主，间夹薄层黏土或砂土、淤泥质砂，厚度一般在 8 ~ 40m 之间，具有近山薄、近海厚的规律，分布范围和厚度以珠海西区（珠海大桥以西，包括三灶、红旗、小林、平沙、南水、高栏）和横琴的滨海相软土最为突出。

根据工程建设所揭示的地层情况，珠海市软土分布（图 B）大致可划分为 5 个区：

（1）金湾区，包括三灶镇、红旗镇、平沙镇及高栏港区等区域，软土分布面积广，层位稳定，厚度 20 ~ 40m，上部 25m 左右以淤泥为主，其下一般为淤泥质土。

（2）珠海保税区一带，分布面积较大，层位稳定，厚度 15 ~ 30m，靠近磨刀门水道侧局部超过 40m，上部 25m 左右以淤泥为主，其下一般为淤泥质土。

（3）南屏科技园一带，软土广泛分布，层位稳定，厚度一般为 10 ~ 20m，近前山河侧软土层较薄，近磨刀门侧软土层较厚，最大厚度超过 30m，上部 20m 左右以淤泥为主，其下一般为淤泥质土。

（4）横琴岛一带，软土分布面积较广，层位稳定，厚度一般为 20 ~ 50m，上部 25m 左右以淤泥为主，其下一般为淤泥质土。

（5）香洲区近海岸一带，软土零星分布，分布面积小，层位不稳定，厚度一般为 5 ~ 10m，埋藏于硬壳层下，以淤泥及淤泥质土为主。

条文说明

附录 B 摘录了由珠海市建设工程质量监督检测站主编的《珠海市软土分布区工程建设指引》大部分内容。仅根据本次收集的工程项目对软土厚度进行局部修改，另补充了“上部 25m 左右以淤泥为主，其下一般为淤泥质土”这一分布规律。

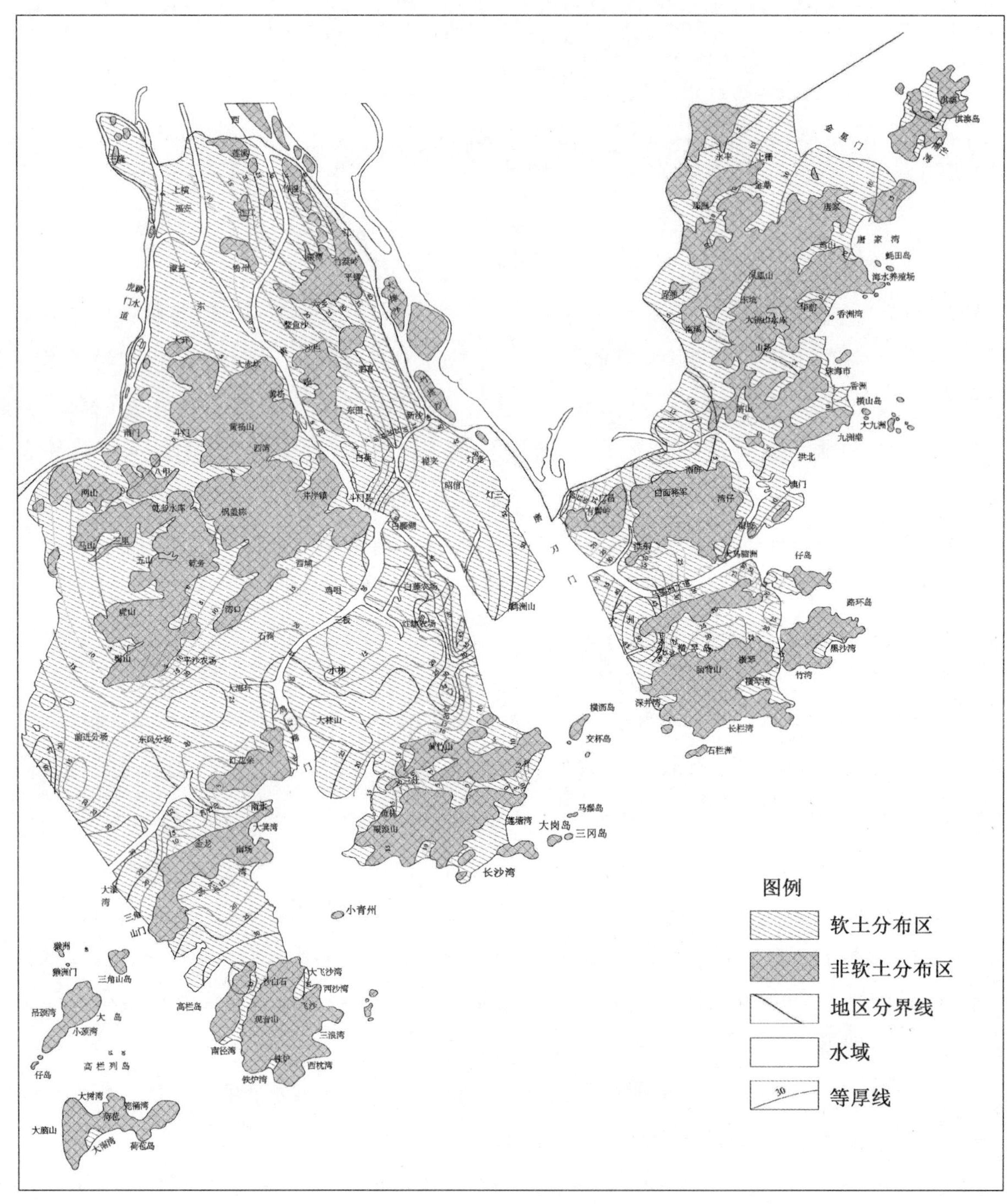

图 B 珠海市第四系软土分布图

附录C　珠海市软土物理力学性质指标统计

根据工程建设所揭示的地层情况，珠海市软土主要为淤泥和淤泥质土。根据收集的珠海市64个工程项目，2330个软土样本的试验资料，珠海市淤泥和淤泥质土主要物理力学指标见表C。

表C　珠海市软土主要物理力学性质指标统计

地　　层	淤　泥			淤泥质土		
土样参数	样品数 n	分布区间	平均值 Φ_m	样品数 n	分布区间	平均值 Φ_m
天然含水率 w（%）	1658	49.2～103.8	63.9	672	40.1～60.4	48.8
天然密度 ρ_0（g/cm^3）	1658	1.42～1.83	1.61	672	1.58～1.99	1.71
相对密度 G_s	1658	2.63～2.76	2.70	672	2.63～2.75	2.71
孔隙比 e	1658	1.501～2.814	1.761	672	0.998～1.500	1.361
饱和度 S_r（%）	1492	85～100	98	622	85～100	97
液限 w_L（%）	831	41.8～59	49.7	374	37.3～48.2	43.5
塑限 w_P（%）	831	17.6～34.1	28.4	374	19.9～28.1	25.4
塑性指数 I_p（%）	1658	14.7～30.9	22.3	698	1.92～28.9	19.4
液性指数 I_L	1658	1.10～2.08	1.54	672	1.01～2.08	1.16
a_{1-2}（MPa^{-1}）	883	0.52～3.43	1.56	351	0.44～1.5	0.98
$E_{s(100\sim200kPa)}$（MPa）	883	0.9～3.7	1.86	351	1.7～5.1	2.5
直接快剪 φ_q（°）	548	0～5.1	2.5	239	0～9.3	3.8
直接快剪 c_q（kPa）	535	3～12	6.0	243	5～18	8.8
固结快剪 φ_g（°）	230	4.8～15.1	6.5	106	7.1～16.4	11.7
固结快剪 c_g（kPa）	230	7～21	11.4	111	8～24	14.5
渗透系数 $k_{20°}$（$10^{-7}cm/s$）	179	0.19～38.6	3.7	61	0.19～94.0	5.27
有机质含量（%）	511	0.53～5.62	2.92	158	0.32～4.59	2.60

附录 D　用现场实测资料推算工后沉降计算方法

D. 0. 1　双曲线法推算地基的沉降量的公式如下（图 D. 0. 1）：

$$S_t = S_0 + \frac{t}{\alpha + \beta t} \tag{D. 0. 1-1}$$

$$S_f = S_0 + \frac{1}{\beta} \tag{D. 0. 1-2}$$

式中：S_t——推算时间点 t 所对应的沉降量，时间自加载完成时开始起算（mm）；

S_0——加载完成时刻（$t=0$）对应的实测沉降量（mm）；

S_f——最终沉降量（$t=\infty$）（mm）；

β——将荷载不再变以后的实测数据经过回归求得的系数。

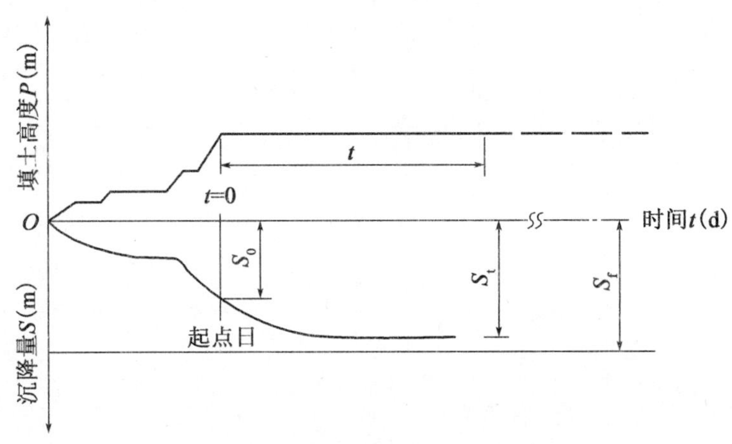

图 D. 0. 1　双曲线法推测沉降量模式图

D. 0. 2　双曲线法推算地基沉降量的具体顺序如下：

（1）确定起点时间（$t=0$），可取加载完成（填方施工结束）日为 $t=0$。

（2）就各实测值计算 $t/(S_t - S_0)$，见示意图 D. 0. 2。

（3）绘制 t 与 $t/(S_t - S_0)$ 的关系图，并确定系数和 β，见示意图 D. 0. 2。

（4）计算 S_t。

（5）由双曲线关系推算出沉降 S—时间曲线（S – t 曲线）。

（6）计算推算时间点 t 的工后沉降 $S_f - S_t$。

双曲线法是假定沉降平均速率以双曲线形式减少的经验推导法，要求恒载开始后的沉降实测时间至少 3 个月以上。

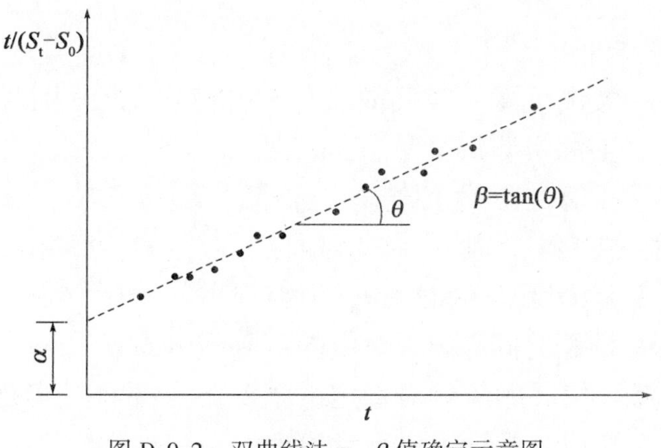

图 D.0.2　双曲线法 α、β 值确定示意图

D.0.3　三点法推算地基沉降量的公式如下（图 D.0.3）：

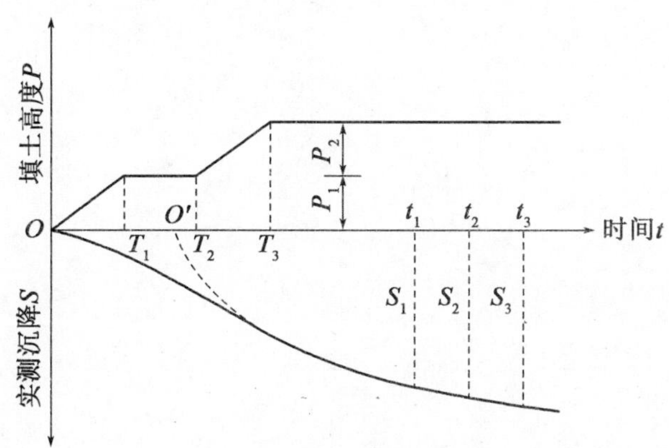

图 D.0.3　三点法推算沉降量示意图

图 D.0.3 中：t_1、t_2 和 t_3 为实测沉降—时间曲线（S-t 曲线）上，加载停止后任取的三个间隔相等的时间点，即 $t_2-t_1=t_3-t_2$，时间应如图中所示修正零点 O' 起算，O' 偏离零时刻 O 的时间为 $\overline{OO'}=\dfrac{\sum p_i\ (T_{i+1}+T_i)\ /2}{\sum p_i}$。

1　最终沉降量 S_f：

$$S_f=\frac{S_3(S_2-S_1)-S_2(S_3-S_2)}{(S_2-S_1)-(S_3-S_2)} \tag{D.0.3-1}$$

2　瞬时沉降量 S_d：

$$S_d=\frac{S'_t-S_f(1-\alpha\cdot e^{-\beta t})}{\alpha\cdot e^{-\beta t}} \tag{D.0.3-2}$$

3　时间 t 对应的沉降量 S_t：

$$S_t=(S_f-S_d)(1-\alpha\cdot e^{-\beta t})+S_d \tag{D.0.3-3}$$

$$\beta=\frac{1}{t_2-t_1}\ln\frac{S_2-S_1}{S_3-S_2} \tag{D.0.3-4}$$

$$\alpha = \frac{8}{\pi^2} \tag{D. 0. 3-5}$$

式中：S_1、S_2 和 S_3——实测沉降—时间曲线（S-t 曲线）上分别对应 t_1、t_2 和 t_3 时间点上的实测沉降量（mm）；

S_d——推算的瞬时沉降量（mm）；

S'_t——在实测沉降——时间曲线（$S-t$）曲线上，任意选取自修正零点 O'起算的时间 t，所对应的沉降量（mm）；

S_t——推算时间点 t 所对应的沉降量（mm）。

三点法推算应在沉降发展趋势相对稳定的情况下，并且对实测沉降数据应进行一定的误差处理或曲线的光滑拟合处理后进行计算。

附录 E　软土地基路堤极限填筑高度计算方法

E. 0. 1　在天然软土地基上用快速施工方法修筑一般断面的路基所能填筑的最大高度，称为路堤极限填筑高度，又称为临界填筑高度。

E. 0. 2　路堤极限填筑高度的大小，受地基的特性（软土的性质和成层情况，硬壳的厚度和性质）、路堤宽度、填土重度、填筑速率等因素的影响，可按稳定性分析的结果确定。

E. 0. 3　若填方高度超过路堤极限填筑高度，须对天然地基进行加固或采取其他处理措施，以保证路堤的安全填筑及正常使用。

E. 0. 4　软土地基上的路堤极限填筑高度可按式（E. 0. 4-1）进行计算，该方法基于莫尔—库仑强度理论，同时考虑地基土的内摩擦角与黏聚力而得到。

$$H_{\mathrm{c}} = \frac{c_{\mathrm{q}}}{\gamma} \cdot \frac{2(2 - \sin\varphi_{\mathrm{q}})\cos\varphi_{\mathrm{q}}}{1 - (3 - 2\sin\varphi_{\mathrm{q}})\sin\varphi_{\mathrm{q}}} \tag{E. 0. 4-1}$$

式中：H_{c}——极限填筑高度（m）；

γ——填料重度（$\mathrm{kN/m^3}$），取 $\gamma = 18\mathrm{kN/m^3}$；

c_{q}——快剪试验的地基土黏聚力（kPa）；

φ_{q}——快剪试验得到的地基土内摩擦角（°）。

当软土地基为非均质时，所采用的参数 c_{q}、φ_{q} 的数值（表 E. 0. 4），可采用加权平均法，式（E. 0. 4-2）和式（E. 0. 4-3）求得。

$$c_{\mathrm{q}} = \frac{c_{\mathrm{q1}}h_1 + c_{\mathrm{q2}}h_2 + \cdots + c_{\mathrm{q}n}h_n}{h_1 + h_2 + \cdots + h_{\mathrm{n}}} = \frac{\sum\limits_{i=1}^{n} c_{\mathrm{q}}h_i}{H} \tag{E. 0. 4-2}$$

$$\tan\varphi_{\mathrm{q}} = \frac{h_1\tan\varphi_{\mathrm{q1}} + h_2\tan\varphi_{\mathrm{q2}} + \cdots + h_n\tan\varphi_{\mathrm{q}n}}{h_1 + h_2 + \cdots + h_{\mathrm{n}}} = \frac{\sum\limits_{i=1}^{n} h_i\tan\varphi_{\mathrm{q}i}}{H} \tag{E. 0. 4-3}$$

式中：$c_{\mathrm{q}i}$、$\varphi_{\mathrm{q}i}$——地基第 i 土层的或黏聚力（kPa）和内摩擦角（°），由快剪试验测得；

h_i、H——地基第 i 土层的厚度（m）和土层总厚度（m）。

表 E.0.4 路堤极限填筑高度 H_c（单位：m）

φ_q	c_q							
	2.0	4.0	6.0	8.0	10.0	12.0	14.0	16.0
0.0	0.44	0.89	1.33	1.78	2.22	2.67	3.11	3.56
0.4	0.45	0.90	1.36	1.81	2.26	2.71	3.17	3.62
0.8	0.46	0.92	1.38	1.84	2.30	2.76	3.22	3.68
1.2	0.47	0.94	1.41	1.87	2.34	2.81	3.28	3.75
1.6	0.48	0.95	1.43	1.91	2.39	2.86	3.34	3.82
2.0	0.49	0.97	1.46	1.94	2.43	2.92	3.40	3.89
2.4	0.50	0.99	1.49	1.98	2.48	2.97	3.47	3.96
2.8	0.50	1.01	1.51	2.02	2.52	3.03	3.53	4.04
3.2	0.51	1.03	1.54	2.06	2.57	3.09	3.60	4.11
3.6	0.52	1.05	1.57	2.10	2.62	3.15	3.67	4.19
4.0	0.53	1.07	1.60	2.14	2.67	3.21	3.74	4.28
4.4	0.55	1.09	1.64	2.18	2.73	3.27	3.82	4.36
4.8	0.56	1.11	1.67	2.22	2.78	3.34	3.89	4.45
5.2	0.57	1.14	1.70	2.27	2.84	3.41	3.97	4.54
5.6	0.58	1.16	1.74	2.32	2.90	3.48	4.06	4.63
6.0	0.59	1.18	1.77	2.37	2.96	3.55	4.14	4.73
6.4	0.60	1.21	1.81	2.42	3.02	3.62	4.23	4.83
6.8	0.62	1.23	1.85	2.47	3.09	3.70	4.32	4.94
7.2	0.63	1.26	1.89	2.52	3.15	3.78	4.41	5.04
7.6	0.64	1.29	1.93	2.58	3.22	3.87	4.51	5.16
8.0	0.66	1.32	1.98	2.64	3.30	3.96	4.61	5.27
8.4	0.67	1.35	2.02	2.70	3.37	4.05	4.72	5.39
8.8	0.69	1.38	2.07	2.76	3.45	4.14	4.83	5.52
9.2	0.71	1.41	2.12	2.83	3.53	4.24	4.94	5.65
9.6	0.72	1.45	2.17	2.89	3.62	4.34	5.06	5.79
10.0	0.74	1.48	2.22	2.96	3.71	4.45	5.19	5.93
10.4	0.76	1.52	2.28	3.04	3.80	4.56	5.32	6.08
10.8	0.78	1.56	2.34	3.12	3.89	4.67	5.45	6.23
11.2	0.80	1.60	2.40	3.20	3.99	4.79	5.59	6.39
11.6	0.82	1.64	2.46	3.28	4.10	4.92	5.74	6.56
12.0	0.84	1.68	2.53	3.37	4.21	5.05	5.89	6.73
12.4	0.86	1.73	2.59	3.46	4.32	5.19	6.05	6.92
12.8	0.89	1.78	2.67	3.56	4.44	5.33	6.22	7.11
13.2	0.91	1.83	2.74	3.66	4.57	5.49	6.40	7.31
13.6	0.94	1.88	2.82	3.76	4.70	5.65	6.59	7.53

表 E.0.4（续）

φ_q	c_q							
	2.0	4.0	6.0	8.0	10.0	12.0	14.0	16.0
14.0	0.97	1.94	2.91	3.88	4.84	5.81	6.78	7.75
14.4	1.00	2.00	2.99	3.99	4.99	5.99	6.99	7.99
14.8	1.03	2.06	3.09	4.12	5.15	6.18	7.20	8.23
15.2	1.06	2.12	3.19	4.25	5.31	6.37	7.43	8.50
15.6	1.10	2.19	3.29	4.39	5.48	6.58	7.68	8.77
16.0	1.13	2.27	3.40	4.53	5.67	6.80	7.93	9.07

注：c_q 和 φ_q 分别为快剪试验得出的黏聚力（kPa）和内摩擦角（°）。

E.0.5 工程算例：高速公路工程某合同段路基，上覆均质松软深厚软土，软塑状，路堤填土平均重度 $\gamma=18\text{kN/m}^3$，快剪黏聚力和内摩擦角分别为 14kPa，10.0°。查表 E.0.4 得：$H_c=5.19\text{m}$。

针对均质软土地基，极限填筑高度经验公式可采用费兰纽斯公式（E.0.5）。

$$H_c=\frac{5.52c_q}{\gamma} \tag{E.0.5}$$

通过公式（E.0.4-1）和公式（E.0.5）结合工程算例得到了如表 E.0.5 所示的极限填筑高度计算对比情况。从表 E.0.5 可以看出当填料重度、黏聚力都相同，而内摩擦角不同时，按照费兰纽斯公式计算得到的极限填筑高度皆为4.29m。而式（E.0.4-1）充分体现了内摩擦角 φ 的作用，φ 值不同，计算所得的极限建筑高度不同，从 3.74 ~ 5.19m，相较于传统方法通常近似地假设内摩擦角 $\varphi=0°$而言，考虑得更加全面。

表 E.0.5 极限填筑高度计算对比表

填料重度 γ（kN/m^3）	黏聚力 c_q（kPa）	内摩擦角 φ_q（°）	公式（E.0.4-1）	公式（E.0.5）
18	14	10	5.19	4.29
18	14	8	4.61	4.29
18	14	6	4.14	4.29
18	14	4	3.74	4.29

E.0.6 覆盖在软土层上强度稍高的表层土称为硬壳层。当硬壳层厚度大于 1.5m 时，可考虑其应力扩散、提高承载力、减少地基沉降的效应。此时，路堤填筑安全高度可按经验公式（E.0.6）计算。

$$H_c=\frac{5.52c_q}{\gamma}+0.5h \tag{E.0.6}$$

式中：γ——填料重度（kN/m^3）；

h——硬壳层厚度（m）。

附录 F　刚性桩桩—网复合地基沉降计算方法

刚性桩桩—网复合地基可用于对地基变形控制严格的软弱地基加固，其结构由刚性桩（群）、桩帽及加筋垫层组成。

F. 0. 1　刚性桩桩—网复合地基沉降计算应复合下列要求：

1　刚性桩桩—网复合地基的总沉降 S 可以根据式（F. 0. 1-1）进行计算，沉降模型如图 F. 0. 1 所示。

$$S = S_1 + S_2 + S_3 \tag{F. 0. 1-1}$$

式中：S_1——加固区沉降量（m）；

S_2——下卧层沉降量（m）；

S_3——桩帽以上垫层和土层的沉降量（m）。

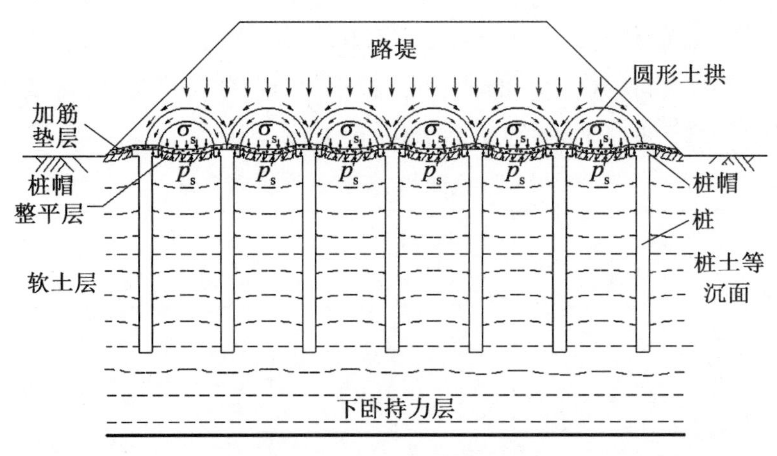

图 F. 0. 1　桩网复合地基沉降模型

2　加固区沉降量 S_1 采用附加应力法进行计算。

（1）确定中性面深度 z_n 的负摩擦力应取式（F. 0. 1-2）、式（F. 0. 1-3）计算值中小者。

$$Q_s^n = \frac{Q_{uk} - P_p}{2} \tag{F. 0. 1-2}$$

$$Q_s^n = \frac{A_u p - P_p - Q_{sm}^n}{2A_u p\zeta + U_p P} U_p P \tag{F. 0. 1-3}$$

$$\zeta = \frac{P}{W_b f_{sa} + \sum \Delta z_i \mid \tau_{ui} \mid} \tag{F. 0. 1-4}$$

式中：Q_s^n——负摩擦力（kN）；

Q_{uk}——单桩竖向极限承载力标准值（kN）；

P_p——桩顶荷载（kN），取土拱控制荷载 P_{pa} 与单桩极限承载力 Q_{uk} 中的小值；

A_u——单桩分担面积（m^2）；

p——路堤荷载集度（kPa）；

u_p——桩周长（m）；

P——路基纵向每延米的路基总荷载（kN）；

Q_{sm}^n——工作垫层对单桩的摩擦力（kN）；

ζ——加固区侧阻力发挥系数；

W_b——路堤底宽（m）；

f_{sa}——经深宽修正的桩底地基承载力特征值（kPa）；

Δz_i——第 i 层土厚度（m），i 从工作垫层底面起算；

τ_{ui}——第 i 层土侧阻力（kPa），中性面以上取负值。

（2）桩间土附加应力 $\sigma_{z,i}$ 宜采用 Mindlin 与 Boussinesq 解的联合求解方法获得，计算方法如式（F. 0. 1-5）。

$$\sigma_{z,i} = \sigma_{pz,i} + \sigma_{sz,i} \tag{F. 0. 1-5}$$

$$\sigma_{pz,i} = \sum_{j=1}^{m} \frac{P_p}{l_j^2} \left[\alpha_j I_{p,ij} + (1-\alpha_j) I_{s,ij} \right] \tag{F. 0. 1-6}$$

$$\sigma_{sz,i} = \sum_{i=1}^{k} \frac{\alpha_i (1-m_c)}{1+(n-1)m_c} (\gamma_f h + q_c) \tag{F. 0. 1-7}$$

式中：$\sigma_{pz,i}$——桩端平面以下地基中由基桩引起的附加应力（kPa），按《建筑桩基技术规范》（JGJ 94—2008）考虑桩径影响的 Mindlin 解计算确定；

$\sigma_{sz,i}$——桩帽间土体的平均压力在桩端平面以下引起的附加应力（kPa），按 Boussinesq 解计算；

l_j——第 j 桩到第 i 层土 1/2 厚度处的桩长（m）；

α_j——第 j 桩到第 i 层土 1/2 厚度处的桩端阻力与桩顶荷载之比；

$I_{p,ij}$、$I_{s,ij}$——分别为第 j 桩的桩端阻力和桩侧阻力对计算轴线第 i 计算土层 1/2 厚度处的应力影响系数；

α_i——计算轴线第 i 计算土层 1/2 厚度处的附加应力系数；

P_p——桩帽上部承担的荷载（kN）；

n——桩土应力比，按照 F. 0. 2 中的方法进行计算；

m_c——桩帽面积置换率；

q_c——路堤顶面超载（kPa）；

γ_f——路堤填料重度（kN/m^3）；

h——路堤填筑高度（m）。

（3）桩间土沉降量 S_{1s} 应利用桩间附加应力采用式（F. 0. 1-8）计算：

$$S_{1s}=\sum\frac{e_{0i}-e_{1i}}{1+e_{0i}}\Delta z_i \tag{F.0.1-8}$$

式中：S_{1s}——桩间土沉降量（m）；

e_{0i}——第 i 层土天然孔隙比；

e_{1i}——第 i 层土 e-p 曲线对应自重应力和附加应力之和的孔隙比。

（4）加固区沉降量 S_{1s} 应按式（F.0.1-9）计算。

$$S_1=\psi_1(1-m_p)S_{1s} \tag{F.0.1-9}$$

式中：ψ_1——复合地基加固区复合土层压缩变形量计算经验系数，根据复合地基类型地区实测资料及经验确定，无实测资料时，可取 1.05～1.1。

3　下卧层沉降 S_2 采用分层总和法，按式（F.0.1-10）计算确定。

$$S_2=\psi_2\sum_{i=1}^{m}\frac{\sigma_{z,i}\Delta z_i}{E_{s,i}} \tag{F.0.1-10}$$

式中：ψ_2——复合地基加固区下卧层压缩变形量计算经验系数，根据复合地基类型地区实测资料及经验确定；无实测资料时，可取 1.05～1.1；

Δz_i——桩端平面以下第 i 土层的厚度（m）；

$E_{s,i}$——桩端平面以下第 i 土层在自重应力至自重应力加附加应力作用段的压缩模量（MPa）；

$\sigma_{z,i}$——桩端平面以下第 i 土层的竖向附加应力（kPa），按式（F.0.1-5）～式（F.0.1-7）计算。

4　桩帽以上垫层和土层的压缩变形量 S_3 的计算应符合下列规定：

（1）桩土共同作用形成复合地基时，桩帽以上垫层和填土层的变形应在施工期完成，在计算工后沉降时可以忽略不计。

（2）处理松散填土层、欠固结软土层、自重湿陷性土等有明显工后沉降的地基时，桩帽以上的垫层和土层的压缩变形量 S_3 可以按照式（F.0.1-11）计算。

$$S_3=\frac{(D-b)(D+2b)}{2D^2} \tag{F.0.1-11}$$

式中：D——桩间距（m）；

b——桩帽边长（m）。

F.0.2　桩土应力比的计算应符合下列规定：

在桩网复合地基中，土工格栅将部分路堤荷载向桩顶转移，但是计算分析表明，土工格栅向桩顶转移的荷载较小，为了简便起见，可不考虑土工格栅向桩顶转移的荷载，即在桩土应力比的计算中不考虑土工格栅的影响。

Hewlett 和 Randolph 假设拱顶、拱脚土体发生屈服破坏，导致路堤低于临界高度时计算的桩土应力比偏大，路堤高于临界高度时计算的桩土应力比偏小。陈云敏院士为了使计算结果更符合实际工程情况，引进了临塑系数 α_p，改进了 Hewlett 极限状态空间土拱效应分析方法。因此本规范采用陈云敏院士提出的修正 Hewlett 法来计算桩土应力比。

1 临塑系数 α_p 可以由单桩等效处理范围内路堤平衡方程式（F. 0. 2-1）求得。

$$D^2 h\gamma_f = P_{pa} + p_{sc}(D^2 - b^2) \tag{F. 0. 2-1}$$

$$P_{pa} = \frac{2\alpha_p D^2 K_p p_{sc}}{1 + \alpha_p K_p}[(1-\delta_c)^{1-\alpha_p K_p} - (1-\delta_c)(1+\delta_c \alpha_p K_p)] \tag{F. 0. 2-2}$$

$$p_{sc} = \left[\gamma_f h - \frac{\sqrt{2}\gamma_f D(1-\alpha_p K_p)}{3-2\alpha_p K_p}\right](1-\delta_c)^{2(\alpha_p K_p - 1)} + \frac{\sqrt{2}\gamma_f (D-b)(1-\alpha_p K_p)}{3-2\alpha_p K_p} \tag{F. 0. 2-3}$$

式中：D——桩间距（m）；

h——桩（帽）顶面以上填土高度（m）；

γ_f——填土重度（kN/m^3）；

P_{pa}——土拱效应控制的桩（帽）顶面荷载（kN）；

p_{sc}——桩（帽）间荷载集度（kPa）；

b——桩（帽）边长（m）；

K_p——被动土压力系数，$K_p = \frac{1+\sin\varphi}{1-\sin\varphi}$，$\varphi$ 为路堤填料的内摩擦角（°）；

δ_c——桩（帽）边长与桩间距的比值。

当计算所得到的临塑系数 $\alpha_p < 1$ 时，说明土拱还未进入塑性状态，此时，单桩处理范围内土体满足受力平衡条件，将 α_p 直接代入式（F. 0. 2-2）、式（F. 0. 2-3）即可求得 P_{pa} 和 p_{sc}；当 $\alpha_p \geqslant 1$ 时，说明土拱已经进入塑性状态，此时，令 $\alpha_p = 1$ 即可求得 P_{pa} 和 p_{sc}。

2 褥垫层厚度小于 $2(D-b)$ 时，桩（帽）顶面以上 $2(D-b)$ 内填料综合内摩擦角可按式（F. 0. 2-4）确定。

$$\tan\varphi = \frac{h_m \tan\varphi_m + [2(D-b) - h_m]\tan\varphi_f}{2(D-b)} \tag{F. 0. 2-4}$$

式中：φ——桩（帽）顶面以上 $2(D-b)$ 内填料综合内摩擦角（°）；

h_m——褥垫层厚度（m）；

φ_m——褥垫层内摩擦角（°）；

φ_f——褥垫层以上填料内摩擦角（°）。

3 路堤临界高度 H_c 表示刚进入塑形状态（$\alpha_p = 1$）时，路堤的临界高度。可由式（F. 0. 2-1）~式（F. 0. 2-3）计算得到。

4 当桩帽以上填土高度 $h < H_c$ 时，应由 h 根据式（F. 0. 2-1）~式（F. 0. 2-3）得到 α_p 及相应的 p_{pa} 和 p_{sc}。

5 当桩帽以上填土高度 $h \geqslant H_c$ 时，应按式（F. 0. 2-5）~式（F. 0. 2-7）计算桩土荷载。

$$R_p = \frac{P_{pac}}{\gamma_f H_c A_u} \tag{F. 0. 2-5}$$

$$P_{pa} = \gamma_f h A_u R_p \tag{F. 0. 2-6}$$

$$p_{sc} = \frac{\gamma_f h A_u (1 - R_p)}{A_u - A_c} \quad (F.0.2\text{-}7)$$

式中：R_p——桩荷载率；

P_{pac}——H_c 对应的 P_{pa}（kN）；

A_u——单桩分担面积（m^2）；

A_c——桩帽面积（m^2）。

6　桩土应力比 n 可根据 P_{pa} 和 p_{sc} 通过式（F. 0. 2-8）计算得到。

$$n = \frac{P_{pa}}{b^2 p_{sc}} \quad (F.0.2\text{-}8)$$

7　当桩（帽）以上填土高度大于表 F. 0. 2-1 中的临界高度时，通过公式计算所得到的桩土应力比应小于表 F. 0. 2-1 中的最大桩土应力比，当桩（帽）以上填土高度小于临界高度时，桩土应力比可查表 F. 0. 2-2。

表 F. 0. 2-1　桩土应力比临界高度及最大桩土应力比

b/D	0. 4																			
φ（°）	25					30					35					40				
D（m）	2. 0	2. 5	3. 0	3. 5	4. 0	2. 0	2. 5	3. 0	3. 5	4. 0	2. 0	2. 5	3. 0	3. 5	4. 0	2. 0	2. 5	3. 0	3. 5	4. 0
H_c（m）	3. 4	4. 2	5. 0	5. 9	6. 7	4. 4	5. 5	6. 6	7. 7	8. 8	6. 3	7. 9	9. 5	11. 0	12. 6	10. 0	12. 5	15. 0	17. 5	20. 0
n_{max}	8. 2					13. 7					24. 3					47. 1				
b/D	0. 5																			
φ（°）	25					30					35					40				
D（m）	2. 0	2. 5	3. 0	3. 5	4. 0	2. 0	2. 5	3. 0	3. 5	4. 0	2. 0	2. 5	3. 0	3. 5	4. 0	2. 0	2. 5	3. 0	3. 5	4. 0
H_c（m）	4. 1	5. 1	6. 2	7. 2	8. 2	5. 8	7. 2	8. 7	10. 1	11. 6	9. 1	11. 3	13. 6	15. 8	18. 1	16. 6	20. 7	24. 8	29. 0	33. 1
n_{max}	9. 4					16. 5					31. 7					68. 8				
b/D	0. 6																			
φ（°）	25					30					35					40				
D（m）	2. 0	2. 5	3. 0	3. 5	4. 0	2. 0	2. 5	3. 0	3. 5	4. 0	2. 0	2. 5	3. 0	3. 5	4. 0	2. 0	2. 5	3. 0	3. 5	4. 0
H_c（m）	4. 9	6. 1	7. 3	8. 6	9. 8	7. 5	9. 4	11. 2	13. 1	15. 0	13. 3	16. 7	20. 0	23. 3	26. 7	29. 6	37. 0	44. 4	51. 8	59. 2
n_{max}	11. 2					21. 4					45. 8					116. 6				
b/D	0. 7																			
φ（°）	25					30					35					40				
D（m）	2. 0	2. 5	3. 0	3. 5	4. 0	2. 0	2. 5	3. 0	3. 5	4. 0	2. 0	2. 5	3. 0	3. 5	4. 0	2. 0	2. 5	3. 0	3. 5	4. 0
H_c（m）	5. 7	7. 2	8. 6	10. 0	11. 5	10. 0	12. 5	14. 9	17. 4	19. 9	21. 5	26. 9	32. 2	37. 6	43. 0	62. 2	77. 7	93. 3	108. 8	124. 3
n_{max}	14. 5					31. 2					78. 5					251. 1				

注：b 为桩帽边长；D 为桩间距；φ为桩帽上 2（$D-b$）内填料综合内摩擦角；H_c 为临界高度；n_{max} 为最大桩土应力比。

表 F.0.2-2 桩土应力比

b/D	0.4					0.5					0.6					0.7				
D (m)	2.0	2.5	3.0	3.5	4.0	2.0	2.5	3.0	3.5	4.0	2.0	2.5	3.0	3.5	4.0	2.0	2.5	3.0	3.5	4.0
h (m)	n																			
3.0	6.5	3.8	2.16	1.1	1.0	5.1	3.0	1.8	1.0	1.0	4.5	2.7	1.6	1.0	1.0	4.7	2.9	1.7	1.0	1.0
3.5	8.9	5.6	3.5	2.2	1.2	6.9	4.4	2.8	1.8	1.0	6.2	3.9	2.5	1.6	1.0	6.4	4.1	2.7	1.7	1.0
4.0	11.5	7.5	5.0	3.3	2.2	8.9	5.8	3.9	2.6	1.8	7.9	5.2	3.5	2.4	1.6	8.2	5.4	3.7	2.5	1.7
4.5	14.1	9.4	6.5	4.6	3.2	11.0	7.3	5.1	3.6	2.5	9.8	6.5	4.5	3.2	2.3	10.0	6.8	4.7	3.4	2.4
5.0	16.8	11.5	8.1	5.8	4.2	13.1	8.9	6.3	4.6	3.3	11.6	7.9	5.6	4.1	3.0	11.8	8.2	5.8	4.3	3.2
5.5	19.6	13.6	9.8	7.2	5.4	15.2	10.5	7.6	5.6	4.2	13.5	9.4	6.8	5.0	3.8	13.7	9.6	7.0	5.2	3.9
6.0	22.5	15.7	11.5	8.6	6.5	17.5	12.2	8.9	6.7	5.1	15.5	10.9	7.9	6.0	4.5	15.6	11.1	8.2	6.2	4.7
6.5	25.4	18.0	13.2	10.0	7.7	19.7	13.9	10.3	7.8	6.0	17.5	12.4	9.1	6.9	5.4	17.5	12.6	9.4	7.2	5.6
7.0	28.4	20.2	15.0	11.5	8.9	22.0	15.7	11.7	8.9	6.9	19.4	13.9	10.4	7.9	6.2	19.5	14.1	10.6	8.2	6.4
7.5	31.4	22.5	16.8	13.0	10.2	24.3	17.5	13.1	10.1	7.9	21.5	15.5	11.6	9.0	7.1	21.4	15.6	11.8	9.2	7.3
8.0	34.5	24.9	18.7	14.5	11.5	26.7	19.3	14.5	11.3	8.9	23.5	17.1	12.9	10.0	7.9	23.4	17.1	13.1	10.2	8.2
8.5	37.5	27.2	20.6	16.1	12.8	29.1	21.1	16.0	12.5	9.9	25.5	18.6	14.2	11.1	8.8	25.4	18.7	14.3	11.3	9.1
9.0	40.6	29.6	22.5	17.6	14.1	31.4	22.9	17.5	13.7	11.0	27.6	20.2	15.5	12.2	9.8	27.3	20.2	15.6	12.4	10.0
9.5	43.8	32.0	24.5	19.2	15.5	33.8	24.8	19.0	14.9	12.0	29.7	21.9	16.8	13.3	10.7	29.3	21.8	16.9	13.4	10.9
10.0	46.9	34.5	26.4	20.9	16.8	36.3	26.7	20.5	16.2	13.1	31.7	23.5	18.1	14.4	11.6	31.3	23.4	18.2	14.5	11.8
10.5	50.1	36.9	28.4	22.5	18.2	38.7	28.6	22.0	17.5	14.1	33.8	25.1	19.4	15.5	12.6	33.3	25.0	19.5	15.6	12.8
11.0	53.3	39.4	30.4	24.2	19.6	41.1	30.5	23.6	18.8	15.2	35.9	26.8	20.8	16.6	13.5	35.4	26.5	20.8	16.7	13.7
11.5	56.5	41.9	32.4	25.9	21.1	43.6	32.4	25.1	20.1	16.4	38.0	28.4	22.1	17.7	14.5	37.4	28.1	22.1	17.8	14.6
12.0	59.7	44.4	34.5	27.6	22.5	46.0	34.3	26.7	21.4	17.5	40.1	30.1	23.5	18.9	15.5	39.4	29.7	23.4	18.9	15.6
12.5	63.0	46.9	36.5	29.3	24.0	48.5	36.3	28.3	22.8	18.6	42.3	31.7	24.9	20.0	16.5	41.4	31.3	24.7	20.0	16.6
13.0	66.2	49.5	38.6	31.0	25.4	51.00	38.2	29.8	24.0	19.7	44.4	33.4	26.2	21.2	17.5	43.5	32.9	26.0	21.1	17.5
13.5	69.5	52.0	40.6	32.7	26.9	53.5	40.1	31.4	25.3	20.9	46.5	35.1	27.6	22.3	18.4	45.5	34.5	27.3	22.3	18.5
14.0	72.7	54.6	42.7	34.5	28.4	55.9	42.1	33.0	26.7	22.0	48.6	36.8	29.0	23.5	19.4	47.5	36.2	28.7	23.4	19.5
14.5	76.0	57.1	44.8	36.2	29.9	58.4	44.1	34.6	28.0	23.2	50.8	38.4	30.4	24.7	20.5	49.6	37.8	30.0	24.5	20.4
15.0	79.3	59.7	46.9	38.0	31.4	60.9	46.0	36.3	29.4	24.3	52.9	40.1	31.7	25.8	21.5	51.6	39.4	31.3	25.6	21.4
15.5	82.60	62.3	49.0	39.8	32.9	63.5	48.0	37.9	30.8	25.5	55.1	41.8	33.1	27.0	22.5	53.7	41.0	32.7	26.8	22.4
16.0	85.9	64.9	51.2	41.5	34.5	66.0	45.0	39.5	32.1	26.7	57.2	43.5	34.5	28.2	23.5	55.8	42.7	34.0	27.9	23.4
16.5	89.2	67.5	53.3	43.3	36.0	68.5	52.0	41.1	33.5	27.9	59.3	45.2	35.9	29.4	24.5	57.8	44.3	35.4	29.0	24.4
17.0	92.5	70.1	55.4	45.1	37.5	71.0	54.0	42.8	34.9	29.1	61.5	46.9	37.3	30.6	25.5	59.9	45.9	36.7	30.2	25.4
17.5	95.9	72.7	57.6	46.9	39.1	73.5	55.9	44.4	36.3	30.2	63.7	48.6	38.7	31.7	26.6	61.9	47.5	38.1	31.3	26.3

表 F.0.2-2 桩土应力比

b/D	0.4					0.5					0.6					0.7				
D (m)	2.0	2.5	3.0	3.5	4.0	2.0	2.5	3.0	3.5	4.0	2.0	2.5	3.0	3.5	4.0	2.0	2.5	3.0	3.5	4.0
h (m)	n																			
18.0	99.2	75.4	59.7	48.7	40.6	76.1	57.9	46.0	37.6	31.4	65.8	50.3	40.1	32.9	27.6	64.0	49.2	39.4	32.5	27.3
18.5	102.5	78.0	61.9	50.6	42.2	78.6	59.9	47.7	39.0	32.6	68.0	52.1	41.5	34.1	28.6	66.1	50.8	40.8	33.6	28.3
19.0	104.4	80.6	64.0	52.4	43.8	81.1	61.9	49.3	40.4	33.8	70.1	53.8	43.0	35.3	29.7	68.1	52.5	42.1	34.8	29.3
19.5	104.4	83.3	66.2	54.2	45.3	83.7	64.0	51.0	41.8	35.0	72.3	55.5	44.4	36.5	30.7	70.2	54.1	43.5	35.9	30.3
20.0	104.4	85.9	68.4	56.0	46.9	86.2	66.0	52.6	43.2	36.3	74.5	57.2	45.8	37.7	31.7	72.3	55.8	44.8	37.1	31.3
20.5	104.4	88.6	70.6	57.9	48.5	88.8	68.0	54.3	44.6	37.5	76.7	58.9	47.2	38.9	32.8	74.4	57.4	46.2	38.2	32.3
21.0	104.4	91.2	72.7	59.7	50.1	91.3	70.0	55.9	46.0	38.7	78.8	60.6	48.6	40.1	33.8	76.5	59.1	47.5	39.4	33.3

注：b 为桩帽边长；D 为桩间距；h 为桩帽以上填土高度。

附录 G　刚性桩复合地基失稳模式与稳定性分析方法

G. 0. 1　刚性桩复合地基失稳模式：

1　刚性桩复合地基的失稳破坏模式有整体剪切滑动、桩间土绕流滑动。

2　大量的工程实践表明只进行整体剪切滑动稳定性分析，并假设刚性桩和桩土同时沿滑动面剪切破坏会造成计算所得到的安全系数偏大。通过对大量滑塌工程案例调查、离心模型试验等均表明采用刚性桩复合地基的路堤更易发生桩间土绕流滑动，为避免路基滑塌，应保证桩间土不会发生绕流滑动，因此，刚性桩复合地基路堤除了要分析整体剪切滑动稳定性，还要分析绕流滑动稳定性。

G. 0. 2　刚性桩复合地基路基整体滑动稳定分析应符合下列规定：

1　稳定安全系数宜结合图 G. 0. 2 按式（G. 0. 2-1）计算：

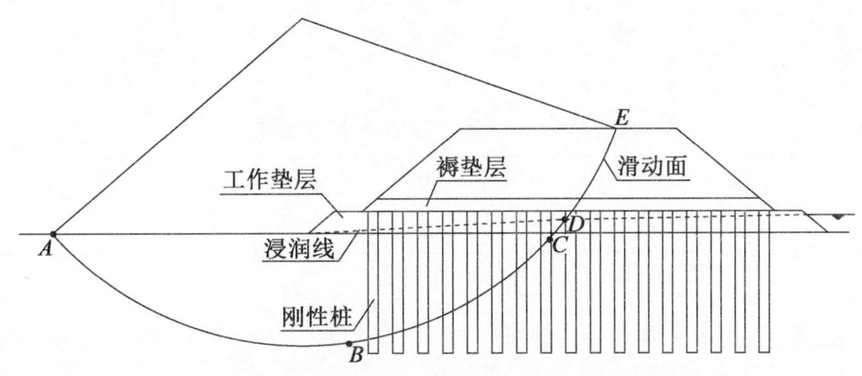

图 G. 0. 2　刚性桩复合地基路堤整体滑动稳定分析

$$F_s=\frac{\sum_A^B\tau_{oi}l_i+\sum_B^C\left(c_{spi}l_i+W_i\cos\alpha_i\tan\varphi_{spi}\right)+\sum_C^E\left(c_il_i+W_i\cos\alpha_i\tan\varphi_i\right)+\sum\xi_iT_{ri}\left(\cos\alpha_i+\sin\alpha_i\tan\varphi_i\right)}{\sum_A^E W_i\sin\alpha_i}$$

（G. 0. 2-1）

式中：τ_{oi}——第 i 土条底部地基土的初始抗剪强度（kPa）；

l_i——第 i 土条底长（m）；

c_{spi}——第 i 土条底部土的复合黏聚力（kPa）；

W_i——第 i 土条竖向荷载（kN），分子中地下水位以下土体取浮重度，分母中浸润线与最低水位之间土体取饱和重度，最低水位以下土体取浮重度；

α_i——第 i 土条底面与水平线的夹角（°）；

φ_{spi}——第 i 土条底部土的复合内摩擦角（°）；

c_i——第 i 土条底部填土的黏聚力（kPa）；

φ_i——第 i 土条底部填土的内摩擦角（°）；

ξ_i——第 i 层加筋拉力折减系数；

T_{ri}——第 i 层加筋拉力（kN）。

2　路堤土抗剪强度指标宜利用十字板试验资料确定，或根据静力触探试验资料、标准贯入试验资料、压缩模量、含水率等按式（G.0.2-2）～式（G.0.2-5）和表 G.0.2综合计算。

$$C_u = 0.04p_s + 2 \tag{G.0.2-2}$$

$$C_u = 0.044q_c + 2 \tag{G.0.2-3}$$

$$C_u = \alpha_N N \tag{G.0.2-4}$$

$$C_u = \alpha_E E_s \tag{G.0.2-5}$$

式中：C_u——不排水抗剪强度（kPa）；

p_s——静力触探比贯入阻力（kPa）；

q_c——静力触探锥尖阻力（kPa）；

α_N——标贯击数与不排水抗剪强度的关系系数，取 8～10，击数大时取小值；

N——标贯击数；

α_E——压缩模量与不排水抗剪强度的关系系数，取 0.006～0.008，模量大时取大值；

E_s——土的压缩模量（kPa）。

表 G.0.2　软土不排水抗剪强度

含水率 w（%）	36	40	45	50	55	65	75	85	95
C_u（kPa）	32	28	25	22	19	15	12	10	8

3　加固区复合内摩擦角 φ_{sp}、黏聚力 C_{sp} 宜分别按式（G.0.2-6）、式（G.0.2-9）计算，并取较小的稳定安全系数。

$$\tan\varphi_{sp} = \frac{1 - m_p}{1 - m_p + m_p n}\tan\varphi_s \tag{G.0.2-6}$$

$$c_{sp}(1 - m_p)c_s + 0.25m_p q_u \tag{G.0.2-7}$$

$$\tan\varphi_{sp} = \frac{(1 - m_p)\tan\varphi_s + m_p n\tan\varphi_p}{1 - m_p + m_p n} \tag{G.0.2-8}$$

$$c_{sp} = (1 - m_p)c_s + 0.25m_p q_u \tan\left(\frac{\pi}{4} - \frac{\varphi_p}{2}\right) \tag{G.0.2-9}$$

式中：m_p——桩置换率；

n——桩顶处桩土应力比，按照附录 F 中所规定的方法进行计算；

φ_s——桩间土直剪快剪内摩擦角（°），c_s 采用不排水抗剪强度时，φ_s 应取 0°；

c_s——桩间土直剪快剪黏聚力（kPa），软土宜采用不排水抗剪强度；

q_u——桩身无侧限抗压强（kPa）；

φ_p——桩身摩擦角（°），无试验资料时宜取40°~45°。

4 T_{ri}宜采用3%加筋延伸率对应的拉力，且不应大于极限抗拉强度的30%。第一层ξ_i应取1.0，其他加筋宜取0.6。

5 路基横断面上软土底面倾斜时还应验算沿复合滑动面的稳定性。

G.0.3 刚性桩复合地基路基绕流滑动稳定分析（图G.0.3）宜采用修正重度法，且应符合下列规定：

1 稳定分析宜将汽车荷载、路面荷载转换为等效填土厚度。

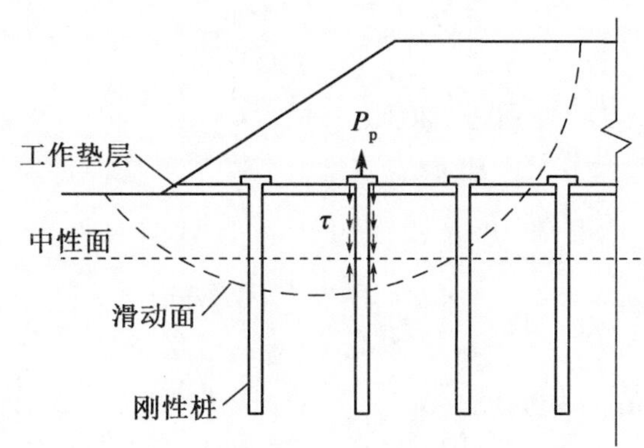

图G.0.3 刚性桩复合地基绕流滑动稳定分析

2 稳定安全系数F_s应按下列步骤试算确定：

（1）P_p应取F_sP_{pa}与Q_{uk}中的小者，P_{pa}宜按照改进HEWLETT法进行计算。

（2）根据式（G.0.3-1）计算的负摩擦力确定桩身中性面。

$$Q_s^n = \frac{Q_{uk} - P_p}{2} \qquad \text{(G.0.3-1)}$$

式中：Q_s^n——桩的负摩擦力（kN）；

Q_{uk}——桩的竖向极限承载力（kN）。

（3）路堤土的修正重度可按式（G.0.3-2）、式（G.0.3-3）计算。

$$\gamma_{fr} = F_s\gamma_f\frac{F_sP_u - P_p}{F_sP_u} \qquad \text{(G.0.3-2)}$$

$$\gamma_{fdr} = F_s\gamma_{fd}(1 - m) + \frac{U_p\tau}{A_u} \qquad \text{(G.0.3-3)}$$

式中：γ_{fr}——桩帽顶面以上填料修正重度（kN/m³）；

γ_f——桩帽顶面以上填料重度（kN/m³）；

P_u——单桩分担面积内桩帽顶面以上荷载（kN）；

γ_{fdr}——桩间路堤土修正重度（kN/m³）；

γ_{fd}——桩间路堤土重度（kN/m³）；

m——桩的置换率；

U_p——桩周长（m）；

τ——桩侧摩擦力（kPa），中性面以上取负值；

A_u——单桩分担面积（m^2）。

（4）桩间地基土修正重度可按式（G. 0. 3-4）计算。

$$\gamma_{sr} = \gamma_s(1 - m) + \frac{U_p \tau}{A_u} \tag{G. 0. 3-4}$$

式中：γ_{sr}——地基土的修正重度（kN/m^3）；

γ_s——地基土的重度（kN/m^3）。

（5）刚性桩未穿透软土层时，桩端区土层的修正重度宜按式（G. 0. 3-5）计算。

$$\gamma_{sr} = \gamma_s + \frac{Q_{pk}}{D^2 T_e} \tag{G. 0. 3-5}$$

式中：Q_{pk}——总极限端阻力标准值（kN）；

T_e——桩端区厚度（m），可取0. 5 ~1. 0m。

（6）桩间土黏聚力、不排水抗剪强度可按式（G. 0. 3-6）、式（G. 0. 3-7）修正。

$$c_r = c(1 - m) \tag{G. 0. 3-6}$$

$$C_{ur} = C_u(1 - m) \tag{G. 0. 3-7}$$

式中：c_r——黏聚力修正值（kPa）；

c——黏聚力（kPa）；

C_{ur}——不排水抗剪强度修正值（kPa）；

C_u——不排水抗剪强度（kPa）。

（7）忽略刚性桩，桩顶、桩间路堤土采用γ_{fr}、γ_{fdr}，桩间、桩底地基土采用未修正指标，利用稳定分析软件计算得到绕流滑动安全系数F_f。

（8）当F_f不等于1. 0时，应调整并重复本款第（1）~（7）项直至F_f与1. 0的偏差小于0. 005，此时的F_s即为路堤稳定安全系数。

3 当F_s小于1. 0时，还需分析桩（帽）顶面以上路堤自身的稳定性。路堤自身稳定分析时地基土黏聚力取值不宜小于100kPa。

附录 H　珠海市交通工程水泥土搅拌桩检评标准

H. 0. 1　施工前应检查水泥及外掺剂的质量、桩位、搅拌机工作性能及各种设备完好程度（特别是水泥浆流量计及其他计量装置）。

H. 0. 2　施工中应检查机头提升速度、水泥浆或水泥注入量、搅拌桩的长度及标高。

H. 0. 3　施工结束后，应检查桩体强度、桩体直径及地基承载力。

H. 0. 4　进行强度检验时，对承重水泥土搅拌桩应取 90d 后的试件；对支护水泥土搅拌桩应取 28d 后的试件。

H. 0. 5　水泥土搅拌桩地基质量检验标准应符合表 H. 0. 5 的规定。

表 H. 0. 5　水泥土搅拌桩地基质量检验标准

项目	序号	检查项目	允许偏差或允许值		检查方法
			单位	数值	
主控项目	1	水泥及外掺剂质量	设计要求		查产品合格证或抽样送检
	2	水泥用量	参数指标		查看流量计
	3	桩体强度	设计要求		按规定办法
	4	地基承载力	设计要求		按规定办法
一般项目	1	机头提升速度	m/min	≤0.5	量机头上升距离及时间
	2	桩底标高	mm	±200	测机头深度
	3	桩顶标高	mm	+100，-50	水准仪（最上部 500mm 不计入）
	4	桩位偏差	mm	<50	用钢尺量
	5	桩径		<0.04d	用钢尺量，d 为桩径
	6	垂直度	%	≤1.5	经纬仪
	7	搭接	mm	>200	用钢尺量

H. 0. 6　水泥土搅拌桩复合地基质量检验应符合下列规定：

1　施工过程中应随时检查施工记录和计量记录。

2　水泥土搅拌桩的施工质量检验可采用下列方法：

（1）成桩3d内，采用轻型动力触探（N_{10}）检查上部桩身的均匀性，检验数量为施工总桩数的1%，且不少于3根。

（2）成桩7d后，采用浅部开挖桩头进行检查，开挖深度宜超过停浆（灰）面下0.5m，检查搅拌的均匀性，量测成桩直径，检查数量不少于总桩数的5%。

3　静载荷试验宜在成桩28d后进行。水泥土搅拌桩复合地基承载力检验应采用复合地基静载荷试验和单桩静载荷试验，验收检验数量不少于总桩数的1%，复合地基静载荷试验数量不少于3次（多轴搅拌为3组）。

4　对变形有严格要求的工程，应在成桩28d后，采用双管单动取样器钻取芯样作水泥土抗压强度检验，检验数量为施工总桩数的0.5%，且不少于6点。

附录 I　复合地基增强体单桩静载荷试验要点

I.0.1　本试验要点适用于复合地基增强体单桩竖向抗压静载荷试验。

I.0.2　试验应采用慢速维持荷载法。

I.0.3　试验提供的反力装置可采用锚桩法或堆载法。当采用堆载法加载时应符合下列规定：

1　堆载支点施加于地基的压应力不宜超过地基承载力特征值；

2　堆载的支墩位置以不对试桩和基准桩的测试产生较大影响确定，无法避开时应采取有效措施；

3　堆载量大时，可利用工程桩作为堆载支点；

4　试验反力装置的承重能力应满足试验加载要求。

I.0.4　堆载支点以及试桩、锚桩、基准桩之间的中心距离应符合现行国家标准《建筑地基基础设计规范》（GB 50007）的规定。

I.0.5　试压前应对桩头进行加固处理，水泥粉煤灰碎石桩等强度高的桩，桩顶宜设置带水平钢筋网片的混凝土桩帽或采用钢护筒桩帽，其混凝土宜提高强度等级和采用早强剂。桩帽高度不宜小于 1 倍桩的直径。

I.0.6　桩帽下复合地基增强体单桩的桩顶标高及地基土标高应与设计标高一致，加固桩头前应凿成平面。

I.0.7　百分表架设位置宜在桩顶标高位置。

I.0.8　开始试验的时间、加载分级、测读沉降量的时间、稳定标准及卸载观测等应符合现行国家标准《建筑地基基础设计规范》（GB 50007）的有关规定。

I.0.9　当出现下列条件之一时可终止加载：

1　当荷载—沉降（Q-S）曲线上有可判定极限承载力的陡降段，且桩顶总沉降量超过 40mm；

2　$\frac{\Delta S_{n+1}}{\Delta S_n} \geqslant 2$，且经 24h 沉降尚未稳定；

3　桩身破坏，桩顶变形急剧增大；

4　当桩长超过 25m，*Q-S* 曲线呈缓变形时，桩顶总沉降量大于 60 ~ 80mm；

5　验收检验时，最大加载量不应小于设计单桩承载力特征值的 2 倍。

注：ΔS_n 为第 n 级荷载的沉降增量；ΔS_{n+1} 为第 $n+1$ 级荷载的沉降增量。

I. 0. 10　单桩竖向抗压极限承载力的确定应符合下列规定：

1　做荷载—沉降（*Q-S*）曲线和其他辅助分析所需的曲线；

2　曲线陡降段明显时，取相应于陡降段起点的荷载值；

3　当出现本附录 I. 0. 9 条第 2 款的情况时，取前一级荷载值；

4　*Q-S* 曲线呈缓变形时，取桩顶总沉降量 *S* 为 40mm 所对应的荷载值；

5　按上述方法判断有困难时，可结合其他辅助分析方法综合判定；

6　参加统计的试桩，当满足其极差不超过平均值的 30% 时，设计可取其平均值为单桩极限承载力；极差超过平均值的 30% 时，应分析离差过大的原因，结合工程具体情况确定单桩极限承载力；需要时应增加试桩数量。工程验收时应视建筑物结构、基础形式综合评价，对于桩数少于 5 根的独立基础或桩数少于 3 排的条形基础，应取最低值。

I. 0. 11　将单桩极限承载力除以安全系数 2，为单桩承载力特征值。

附录 J　复合地基竖向抗压载荷试验要点

J.0.1　本试验要点适用于单桩复合地基静载荷试验和多桩复合地基静载荷试验。

J.0.2　复合地基静载荷试验用于测定承压板下应力主要影响范围内复合土层的承载力。复合地基静载荷试验承压板应具有足够刚度。单桩复合地基静载荷试验的承压板可用圆形或方形，面积为一根桩承担的处理面积；多桩复合地基静载荷试验的承压板可用方形或矩形，其尺寸按实际桩数所承担的处理面积确定。单桩复合地基静载荷试验桩的中心（或形心）应与承压板中心保持一致，并与荷载作用点相重合。

J.0.3　试验应在桩顶设计标高处进行。承压板底面以下宜铺设中粗砂垫层，垫层厚度可取 50～150mm，桩身强度高时取大值。

J.0.4　试验标高处的试坑宽度和长度不应小于承压板尺寸的 3 倍。基准梁及加荷平台支点（或锚桩）宜设在试坑以外，且与承压板边的净距不应小于 2m。

J.0.5　试验前应采取防水和排水措施，防止试验场地地基土含水率变化或地基土扰动，影响试验结果。

J.0.6　加载等级可分为 8 级或 10 级。测试前为校核试验系统整体工作性能，预压荷载宜为最大试验荷载的 5%～10%。最大试验压力应为设计要求的地基承载力特征值的 2.0～2.5 倍。

J.0.7　每级荷载施加后，应分别按第 5min、10min、20min、35min、50min、65min 测读承压板的沉降量，以后每隔 30min 测读 1 次。试验荷载小于或等于特征值对应的荷载时每小时内的承压板沉降量不超过 0.1mm，试验荷载大于特征值对应的荷载时每小时内承压板沉降量不超过 0.25mm 时，即可加下一级荷载。

J.0.8　当出现下列现象之一时可终止试验：

1　某级荷载作用下，承压板沉降量大于前一级荷载作用下的沉降量的 5 倍；
2　承压板周围的土明显地侧向挤出；
3　某级荷载作用下，24h 内沉降速率未能达到相对稳定标准；

4　累计沉降量与承压板直径或宽度（矩形承压板取短边）之比大于等于 0.06，或承压板的累计沉降量大于等于 150mm；

5　加载至最大试验荷载，承压板沉降速率达到相对稳定标准。

J.0.9　卸载时，每级荷载维持 30min，应分别按第 5min、15min、30min 测读承压板沉降量；卸载至零后，应测读承压板残余沉降量，维持时间为 2h，测读时间应分别为第 5min、15min、30min，以后每隔 30min 测读一次。

J.0.10　复合地基承载力特征值的确定应符合下列规定：

1　当压力—沉降曲线上极限荷载能确定，而其值不小于对应比例界限的 2 倍时，可取比例界限；当其值小于对应比例界限的 2 倍时，可取极限荷载的一半。

2　当压力—沉降曲线是平缓的光滑曲线时，可按相对变形值确定，并应符合下列规定：

（1）对砂石桩、振冲碎石桩复合地基，对以黏性土为主的地基，可取 S/b 或 S/d 等于 0.013 所对应的压力；对以粉土、砂土为主的地基，可取 S/b 或 S/d 等于 0.01 所对应的压力；

（2）对强夯置换墩复合地基，对以黏性土、粉质黏土为主的地基，可取 S/b 或 S/d 等于 0.01 所对应的压力；

（3）对水泥粉煤灰碎石桩、素混凝土桩、树根桩、预制混凝土桩、混凝土灌注桩复合地基，对以卵石、圆砾、密实粗中砂为主的地基，可取 S/b 或 S/d 等于 0.008 所对应的压力；对以黏性土、粉土为主的地基，可取 S/b 或 S/d 等于 0.01 所对应的压力；

（4）对水泥土搅拌桩或旋喷桩复合地基，可取 S/b 或 S/d 等于 0.007 所对应的压力；水泥搅拌桩复合地基用于小区道路工程时，S/b 可取 0.01。

（5）对有经验的地区，可按当地经验确定相对变形值，但原地基土为高压缩性土层时，相对变形值的最大值不应大于 0.015；

（6）复合地基荷载试验，当采用边长或直径大于 2m 的承压板进行试验时，b 或 d 按 2m 计；

（7）按相对变形值确定的承载力特征值不应大于最大加载压力的一半。

J.0.11　试验点的数量不应少于 3 点，当满足其极差不超过平均值的 30% 时，可取其平均值为复合地基承载力特征值。当极差超过平均值的 30% 时，应分析离差过大的原因，结合工程具体情况综合确定；也可增加试验点数量。

本指南用词说明

1—为便于在执行本指南条文时区别对待，对于严格程度要求不同的词说明如下：

（1）表示很严格，非这样做不可的用词：

正面词采用“必须”；

反面词采用“严禁”。

（2）表示很严格，在正常情况下均应这样做的用词：

正面词采用“应”；

反面词采用“不应”或“不得”。

（3）表示允许稍有选择，在条件许可时首先应这样做的用词：

正面词采用“宜”；

反面词采用“不宜”。

（4）表示有选择，在一定条件下可以这样做的，采用“可”。

2—规定中指明应按其他有关标准、规范执行的写法为：“应按……执行”或“应符合……的规定或要求”。

引用标准名录

1 《公路路基设计规范》（JTG D30—2015）
2 《建筑地基处理技术规范》（JGJ 79—2012）
3 《复合地基技术规范》（GB/T 50783—2012）
4 《公路软土地基路堤设计与施工技术细则》（JTG/T D31-02—2013）
5 《广东省公路软土地基设计与施工技术规定》（GDJTG/T E01—2011）
6 《广东省建筑地基处理技术规范》（DBJ 15-38—2019）
7 《深圳市地基处理技术规范》（SJG 04—2015）
8 《公路工程地质勘察规范》（JTG C20—2011）
9 《公路桥涵地基与基础设计规范》（JTG 3363—2019）
10 《软土地区岩土工程勘察规程》（JGJ 83—2011）
11 《市政工程勘察规范》（CJJ 56—2012）
12 《岩土工程勘察规范（2009 年版）》（GB 50021—2001）
13 《软土地基路基监控标准》（GB/T 51275—2017）
14 《土工试验方法》（GB/T 50123—2019）
15 《建筑地基基础检测规范》（DBJ/T 15-60—2019）
16 《建筑桩基技术规范》（JGJ 94—2008）
17 《公路路堤刚性桩复合地基技术指南》（T/CHCA 003—2019）
18 《排水固结加固软土地基技术指南》
19 《珠海市软土分布区工程建设指引》

珠海交通集团有限公司企业标准

珠海地区路桥工程软土地基处理技术指南

Q/ZHJT 001—2020

条 文 说 明

1 总则

1.0.1 珠海交通集团近10年涉及近30个软土地基处理工程项目，包括高速公路、快速干线、城市主干道、造地及填土工程、堆场工程等，涵盖的软土地基处理方法有换填法、轻质填料置换法、塑料排水板堆载预压、真空联合堆载预压、FDP真空联合堆载预压、水泥搅拌桩、双向搅拌桩、加芯搅拌桩、高压旋喷桩、PHC预应力管桩等，在路桥工程软土地基处理方面积累了大量的勘察、设计、施工、监测检测等方面的技术资料与实践经验。

珠海市路桥工程建设随着粤港澳大湾区国家战略实施，不论在建设规模、建设类型，还是在建设的质量要求上越来越大、越来越高。为了对软土地基工程处理的重点环节、关键工序予以指引和规范，有利于珠海市大量外来的勘察、设计、施工单位快速吸取当地经验教训，有效消除软土地基工程质量通病，提高设计管理水平，实现软土地基施工和检测标准化，结合珠海市的地方特点和路桥工程建设的成熟经验，做到确保质量、技术先进、安全适用、经济合理并保护环境，制定本指南。

1.0.2 随着软土地基处理设计和施工工艺水平的提高，珠海市软土地基处理技术发展迅速，地基处理不仅限于新建的公路工程，而且扩展到改扩建公路工程、市政工程等领域。由于珠海地区港口分布众多，大面积填海的软土地基处理技术方法亦不断创新。

1.0.3 目前我国软土地基处理方法繁多，施工工艺和设备不断更新，但每一种软土地基处理的方法都有严格的适用条件和应用范围。珠海地区的普遍特点是地下水位高，淤泥的含水率高，某些地区淤泥的有机质含量也高。在别的地区非常适用的地基处理方法，在珠海地区不适用。因此，路桥工程软土地基处理设计，应强调方法合理、精心设计、因地制宜和就地取材。

1.0.5 本指南列入的地基处理方法，是在珠海地区广泛应用，并积累丰富工程经验的地基处理方法；或是虽然目前应用还不是很广泛，但应用前景良好的方法。但有些未列入指南的的新方法、新技术、新材料、新工艺和新设备，如果经过足够的现场试验，证实能取得较好的地基处理效果、满足设计要求、且经济合理时，可按国家标准或行业标准的规定进行设计与施工，并提倡在珠海地区公路路桥工程软土地基处理工程中推广应用。

3 基本规定

3.0.1 高速公路临界填筑高度是高速公路填筑过程中备受关注的一个问题，填筑高度小于临界填筑高度时，地基土的变形比较小，趋于稳定，而填筑高度超过临界填筑高度时，地基进入屈服，路堤的沉降骤然增大，这对路堤的变形和稳定不利，需要对软土地基进行处理。珠海地区软土地基处理应用较多的方法为排水固结法和水泥土搅拌桩复合地基法，但软土地基深度大于25m后，其处理效果有效。因此，深厚软土地基上的高填土路段对公路造价、工期等影响较大，应进行软土地基处理方案与桥梁方案比选。

3.0.2 大量工程实践证明，在确定地基处理方案前，完整的地质勘察资料和可靠的技术指标数据是不可或缺的重要基础资料，如果勘察资料不全或可信度不高，应进行补充勘察。此外，在地基处理设计前应收集当地的地基处理工程经验、施工条件、邻近建（构）筑物、地下工程及管线的埋设情况等对选择地基处理方法有重要的影响。

3.0.4 公路软土地基处理不但涉及软土地基的勘察、设计、施工和检测，而且涉及路堤填筑和预压等多个环节，应遵循科学的程序，重视每个环节的工作质量。在软土地基处理过程中，处理范围、处理深度、超载大小和预压时间等均可能发生改变。因此，动态设计对公路软土地基处理非常重要。

3.0.7 简化Bishop法和Janbu法都是较精确的计算方法，Janbu法还常用于非圆弧滑动面的稳定验算。但由于两种计算方法需要采用有效抗剪强度指标，取样试验的工作量比较大，且对计算精度提高有限，因此提出只在试验工程或路堤的重点部位等对计算精度比较敏感的部位，有选择性地应用。工程实例表明，稳定验算的容许安全系数与所采用的计算方法及采用的抗剪强度指标有关，对不同的设计计算方法和强度指标应该采用不同的容许安全系数，才能够准确地评价工程安全与否。因此，根据不同的计算方法与抗剪强度指标，分别给出了稳定安全系数容许值。

4 软土工程勘察

4.1.1 软土的鉴别指标见表4-1。

表4-1 软土鉴别指标

指标名称	天然含水率 w（%）	天然孔隙比 e	十字板抗剪强度 C_u	静力触探比贯入阻力 P_s	标准贯入试验锤击数 N	压缩系数 $a_{0.1-0.2}$
指标值	$\geqslant w_L$	≥1.0	宜<35kPa	宜≤750kPa	宜≤3击	宜>0.5MPa^{-1}

4.1.3 软土地区工程地质测试选择的室内测试项目和原位测试方法，主要考虑如下：

1 室内土工试验项目一般分为物理性质指标试验和力学性质指标试验。如土的天然含水率、湿密度、界限含水率、渗透系数、有机质含量、酸碱度、颗粒大小分析，以及计算所得的孔隙比、饱和含水率、塑性指数，液性指数等物性指标，还有土的压缩系数、压缩模量、内摩擦角、黏聚力等力学指标。一些特殊土性质指标，如无侧限抗压强度、前期固结压力、压缩指数等，必须按工程需要来选择试验。珠海市软土物理力学性质指标经验数据见附录C。

2 应用十字板剪切试验测定软土的抗剪强度是目前常用的一种手段，所得成果也较精确。试验操作按现行国家标准《岩土工程勘察规范》（GB 50021）执行。十字板剪切试验所测得的不排水抗剪强度峰值，一般认为是偏高的，土的长期强度只有峰值强度的60%~70%。因此在工程中，需根据土质条件和当地经验对十字板测定的值作必要的修正，以供设计采用。

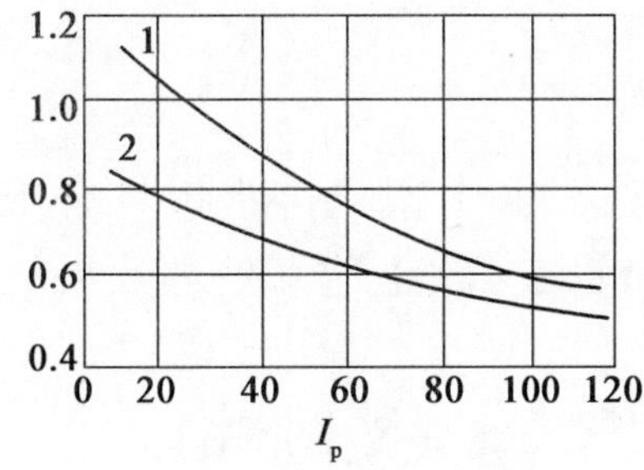

图4-1 修正系数μ

Daccal等建议用塑性指数确定修正系数μ（图4-1）。图中曲线2适用于液性指数大于1.1的土，曲线1适用于其他软黏土。

3 标准贯入试验可以用来评价土的均匀性和定性地划分土层，这可以与钻探孔配合使用。在软土地区往往锤击数小于3击，有的靠设备自重下沉击数为0。这就很难确定土的强度，只能定性地评价土的软硬，无定量值。所以在软土地区用标贯试验来评价强度和变形不甚适用的，但可用于软土中的砂类土夹层、黏土夹层等。

5 软土地基处理设计

5.3 排水固结法

5.3.1 适用条件及工艺选择

1）根据珠海地区软土地基处理经验，在确保土源供应充足情况下，真空联合堆载预压处理工期为7～9个月，堆载（超载）预压处理工期一般不低于12个月。在满足土源供应和工期两个条件下，软土地基处理可采用排水固结法。根据珠海平沙新城起步区道路软土路基大面积采用真空联合堆载预压处理工艺，堆载施工过程中路堤稳定性较好，处理效果较好，工后沉降观测值较小，符合设计和规范要求，在有条件的情况下应大面积推广使用。

5）真空预压是利用大气的压力预压，理论最大压力为100kPa，在目前的工艺和设备条件下能够达到的泵后最大压力为96kPa，膜下压力一般为80kPa。对于填料的重度为20kN/m^{3}的路堤，相当于4.0m高的路堤荷载。当路堤高度超过4.0m时，仅靠真空预压达不到等载预压的效果，会造成较大的工后沉降。因此，要求对于设计荷载较大的路堤，采用真空联合堆载预压，以获得超载预压的效果，减小工后沉降。

根据珠海地区真空预压或真空联合堆载预压处理时，会导致周边场地拉裂，影响范围约30m，因此公路附近有建筑物时，应慎用真空联合堆载预压法，或采取有效的隔离措施。

5.3.2 设计

3 竖向排水系统

1）根据珠海平沙新城起步区道路工程软土路基处理经验，采用塑料排水板具有施工速度快，排水效果好，处理后软土物理力学指标提高幅度较大，软土地基处理效果较好，应推广使用。

8）式（5.3.2-6）参考了赵维炳主编的《排水固结加固软土地基技术指南》。

4 隔离与密封系统

1）深圳河治理二期工程距离真空预压区8m处，最大侧向位移达33.5cm，影响范围达40m。南沙港真空预压工程距离真空预压区30m水平位移和沉降都较明显。京珠高速公路广珠北段真空联合堆载预压路段坡脚沉降1.1～1.5m，导致距离路堤坡脚10m范围的水稻由于长期积水而枯萎。珠海金湾航空城核心区道路真空联合堆载预压工程，导致距离处理边线外20m出现10cm的裂缝，25m处引起水泥路面分缝加宽10mm。

因而应对真空联合堆载预压工程的影响范围和影响程度进行评估，必要时采取防治措施。

5 预压期与荷载系统

4）工后差异沉降率等于工后差异沉降与水平距离之间的比值。一般路段工后沉降超过规范值对行车安全舒适运行影响不大，但结构物附近路段极易产生跳车现象，其主要原因是工后差异沉降率过大，因此除了对工后沉降、沉降速率要求外，还对工后差异沉降提出要求。

9）该卸载标准在平沙新城真空联合堆载预压处理中采用，具有很好的操作性和适用性，对于堆载预压处理可参照采用。

5.4 水泥土桩复合地基法

5.4.1 水泥土搅拌桩复合地基

1 适用条件

水泥搅拌桩加固软土地基主要基于复合地基的原理，对于未正常固结的软弱地基（如新近吹填土的场地），由于未完成自重固结，桩间土不仅会后期沉降较大，还会产生下拉的负摩擦力而降低了加固土体的效果，因此不适用。

珠海濒临海边，项目建设遇到涨潮退潮的情况比较多，有水泥搅拌桩应用成功的范例，如珠海市情侣北路（南段）排洪水系建设工程，但仍须通过现场试验确定其适用性。

2 设计

1）由于粉体材料的施工质量不易控制，且存在污染环境的问题，因此优先选用喷浆搅拌法，只有在特定的条件下可选用喷粉搅拌法。

11）对于天然地基、排水固结地基，有式（5-1）。

$$\frac{\partial u}{E_s \partial t} = \frac{k_s \partial^2 u}{\lambda_w \partial z^2} \tag{5-1}$$

式中：u——超静孔压（kPa）；

E_s——土的压缩模量（kPa）；

k_s——土的渗透系数（cm/s）。

假设搅拌桩桩身孔压等于0，∂t 内桩间土超静孔压减少 ∂u，导致复合地基有效应力增大（$1-m$）∂u，等沉区桩间土分担的有效应力增量为$\frac{(1-m)\ \partial u}{1-m+mn}$，因此复合地基等沉区有式（5-2）。

$$\frac{(1-m)\partial u_s}{(1-m+mn)E_s \partial t} = \frac{k_s \partial^2 u_s}{\lambda_w \partial z^2} \tag{5-2}$$

式中：u_s——复合地基桩间土超静孔压（kPa）。

因此相对天然地基、排水固结地基（路堤），复合地基固结系数应乘以$\frac{1-m+mn}{1-m}$。

13）采用固化剂变掺量设计，使桩身强度为变参数，但由于施工难以控制，可操作性不强，仅在特殊地质条件下采用。

14）水泥土搅拌桩桩顶铺设垫层，能调整搅拌桩和桩间土的荷载分担作用，还有利于加快复合地基固结沉降。当桩间土软弱时垫层厚度取大值，反之取小值。加筋材料可以减少路堤对地基的水平推力，有利于避免搅拌桩弯拉破坏，有利于地基稳定。

15）等载取值参阅本指南第5.3.2条第5款中1）的内容。

5.4.2 高压旋喷桩复合地基

1 适用条件

公路和城市道路建设中经常遇到高压线下、桥梁下等施工空间受到限制的路段，可选用高压旋喷桩。

5.5 刚性桩复合地基法

5.5.1 适用条件

刚性桩持力于顶面严重倾斜的基岩且残积土层较薄时，路基整体稳定性较差，应慎用刚性桩复合地基。由于路堤填土低或软土极差等原因，部分工程采用桩筏基础或桩板基础，宜参考桩基工程设计。

5.5.2 设计

2 桩帽

较大覆盖率的桩帽可以有效提高桩荷载率，减少对土工合成材料的依赖，因此桩帽覆盖率应尽量大。部分公路桩帽偏小，且未配筋，也未与桩身通过锚筋连接，路堤填筑时桩帽断裂严重，部分桩帽与桩脱离，路基沉降量较大。

3 垫层

路堤加筋层数越多，抗拉强度利用率越低，因此建议采用高强度土工格栅、双向铺设的单向土工格栅。

4 路堤

桩帽顶面以下填土不但会增大桩间土沉降、降低桩承载力，而且可能导致地基浅层软土发生滑动现象，因此应限制桩帽顶面以下填土的厚度。

5.6 气泡混合轻质土法

5.6.2 设计

1 气泡混合轻质土如果直接暴露使用，在风、雨、温差等因素影响下，会出现严重的风化损毁，且会出现剥落现象，因此，严禁直接暴露使用。

2 气泡混合轻质土路堤最关键的指标为施工湿重度和抗压强度。《气泡混合轻质土填筑工程技术规程》（CJJ/T 177—2012）对气泡混合轻质土性能指标做了相应的规定。近年来，气泡混合轻质土在全国得到了广泛的应用，应用结果显示，路堤整体强度与稳定性较好但收缩裂缝较多。依据工程经验和可研成果，《公路路基设计规范》(JTG D30—2015)提出了表 5. 6. 2-2 用于路基的气泡混合轻质土性能指标要求，根据近年来气泡混合轻质土在珠海地区的应用情况，参照表 5. 6. 2-2 作为气泡混合轻质土的性能指标要求能够较好地控制工程质量。

4　气泡混合轻质土在环境影响下，其内部湿度和温度变化将产生收缩裂缝。为防止路面渗水进入气泡混合轻质土内部、减少收缩裂缝，并防止裂缝反射到路面上，在其顶部设置钢丝网是必要的。

5　合理设置变形缝可以增强气泡混合轻质土对不均匀沉降的适应性，且可以减少气泡混合轻质土的收缩裂缝。

5.7　过渡段软土地基处理

5. 7. 2　桥头路段

1　与软土地基处理相关的主要为桥台和靠近桥台的桥墩，常见问题为桥台、桥墩推移或开裂、出现跳车现象。根据珠海平沙新城起步区道路工程桥头段软土地基处理经验，采用真空联合堆载预压 + 管桩复合地基的联合处理工艺，取得较好的成效，使用 2 年左右未见桥头跳车，真空联合堆载预压的目的是克服软土的欠固结特性，提高地基的稳定性，确保管桩复合地基在持久工况下桩间土不出现脱空的现象；管桩复合地基的目的在于控制台后路堤工后沉降，避免错台跳车，同时管桩采用长短桩平顺过渡，确保桥头段形成安全舒适。

2　设计

2）软土路基处理

（2）路堤荷载在台前地基中产生附加应力，导致台前地基发生沉降和侧向位移。为减少桥台工后推移和桩基负摩擦，应对台前一定范围软土地基进行处理。

（3）桥头跳车调查表明，相对于大中桥，小型结构物附近跳车现象更普遍、更严重，其原因有：

①施工条件差或不重视。

②通常对中小桥、通道、涵洞等采用较小的过渡段长度，工后差异沉降大。

因此除加强施工管理外，应合理确定过渡段长度。

常用的过渡段处理方式有：渐变间距；渐变桩长；渐变超载厚度。

a. 渐变间距：即越靠近桥涵，复合地基的桩体、排水固结法的竖向排水体的间距越小。广东省通常采用这种方法，且常分段采用不同的间距。沿路基纵向每排采用不同的间距更有利于工后沉降过渡，且不会增大施工难度。

b. 渐变桩长：即越靠近结构物，桩越长；远离结构物处，复合地基下存在软土下卧层。此法通常用于复合地基法。长江三角洲地区通常采用此法。

c. 渐变超载厚度：即对结构物附近采用逐渐变化的超载厚度，越靠近结构物超载厚度越大。渐变超载厚度方法对复合地基法和排水固结法均适用。多数情况下，此法比上述两种方法更易实现逐渐过渡。

(4) 为避免车辆横向摇摆，保证行车舒适性，应使路基同一横断面处的工后沉降基本相同。桥涵与线路方向斜交时，过渡区与一般路基区的交界线宜与线路轴线垂直。

5.7.3 涵洞（通道）路段

1 软土地基路段涵洞常见问题主要是差异沉降导致的涵洞开裂、跳车和沉降过大。涵洞软土地基处理应与邻近路段相协调，以实现平顺过渡。

2 工程实践表明，地基浅层软黏土性质差时，涵洞与混凝土桩之间设置垫层时易导致涵洞侧向位移。二广高速公路部分涵洞地基采用预制管桩复合地基处理，涵洞与桩之间设置褥垫层。由于软黏土性质较差，桩间土受力后发生侧向挤出，导致涵洞节段之间分离严重。因此地基浅层软土非常软弱时，建议不设置褥垫层。

数值分析、工程实践表明，涵洞地基处理范围超过涵洞宽度5倍后，差异沉降产生的负摩擦基本不对涵洞产生影响。规定涵洞地基处理宽度也是为实现沉降过渡提供空间。

6 软土地基处理施工

6.1 一般规定

6.1.2 公路软土地基路段施工安排应考虑与相邻工程、桩基与结构物的相互影响，并应符合以下要求：

2 排水固结法对邻近各类桩的不利影响较大，在进行软土地基处理施工时应合理安排各道工序，避免已有的桩基在软土地基处理施工与路基填筑时发生倾斜现象。

4 市政工程综合管廊、污水管等开挖作业对相邻的公路路堤产生不利影响的情况日益增多，合理选择地基处理方案、施工顺序等可以减少相互影响。

6.1.7 路堤软土地基处理、路堤填筑宜整幅施工。

横向分幅分期修建及远期拓宽工程的地基处理和路堤填筑宜与前期工程同时进行。

6.1.8 采用水泥土桩复合地基法处理深厚海相淤泥及淤泥质土时，因淤泥含水率过高且埋深大，水泥土固化后强度可能会偏低，为保障成桩质量和加固效果，鼓励使用新材料，可使用专用固化剂以及配套工艺施工。

6.3 排水固结法

6.3.4 竖向排水体施工应满足下列要求：

1 滚筒式砂井机的滚筒润滑油易污染排水垫层，因此建议采用履带式砂井机。采用小直径砂井机套管和菱形插板管是为了减少对软土地基的施工扰动。

4 袋装砂井吊打法已在广东省广泛采用。砂井机拔管时将下根袋装砂井利用振锤吊起可以检验砂井袋强度，提高砂井密实度，及时补灌空井段。

6.3.7 真空联合堆载预压施工应满足以下要求：

9 为使密封膜与土体变形协调一致，初期只开启一部分真空泵。

10 为避免路堤填料约束密封膜的变形协调，宜在膜下真空度达到设计要求5～10d后填筑路堤。

11 膜上第一层填土太薄时，路堤填筑过程中机械行走易损坏真空膜。

13 真空泵间断地停抽或减少真空泵数量会不断改变排水垫层中的水流方向，降低排水固结效果，应连续不间断地抽真空。

6.4 水泥土桩复合地基法

6.4.2 搅拌桩施工机械应符合下列要求：

1 我国搅拌桩施工通常不区分地质条件、桩长、桩身强度要求，普遍采用单一型号的搅拌桩机，导致部分工程搅拌桩无法满足设计要求。随着我国施工机械的不断发展，可选择的搅拌桩类型不断增多。为保证搅拌桩质量，建议根据工程情况选择合适的搅拌桩机（表6-1、表6-2）。

表6-1 常用单向搅拌桩机主要参数

桩机型号	深度（m）	桩径（m）	功率（kW）	扭矩（kN·m）	钻杆规格（mm）	钻杆数量
SP-5A18	18	0.5	45×2	29.2	ϕ125	1
SP-10A25	25	1.0	55	47.8	ϕ150	1
SP-15A25	25	1.5	160	154.3	ϕ220	1
SPM-5ⅢA18	18	0.5	45×2	19.5	ϕ125	3
SPM-8ⅢA25	25	0.8	55×3	39.5	ϕ150	3
SPM-13ⅣA25	25	1.3	160×4	52.3	ϕ170	4
SPM-5ⅤA18	18	0.5	45×3	17.5	ϕ125	5

表6-2 常用钉型或双向搅拌桩机主要参数

桩机型号	桩长（m）	桩径（m）	电动机功率（kW）	外钻杆直径（mm）	内钻杆直径（mm）
DM-1	12	0.5～1.0	2×22	127	89
DM-2	17	0.5－1.0	2×22	127	89
DM-3	25	0.5～1.6	2×37	127	95
DM-4	30	0.5～1.0	2×45	127	95

3 当喷浆（灰）量一定时，喷浆（灰）压力大的成桩质量好。所以提高搅拌机配备能力，是保证搅拌桩成桩质量的重要条件，因此建议搅拌机配备的泥浆泵工作压力不小于5.0MPa，空压机压力不小于0.7MPa。

6.4.3 搅拌桩施工应符合下列要求：

5 喷浆、喷灰孔在搅拌头下部，第一次下沉时喷浆、喷灰可以增加浆（灰）土搅拌次数。以往粉喷桩多在第一次上提时喷灰，目的是避免上提困难。目前施工机械性能已经大幅改进，因此建议第一次下沉和上提时各喷灰50%。

6.5 刚性桩复合地基法

6.5.1 工作垫层厚度应满足地基处理施工需要。工作垫层厚度超过1m时宜开挖施工桩帽。

桩帽下填土厚度较大对路堤稳定性、沉降均产生明显的不利影响，需尽量减少桩帽下路堤土的厚度。

6.5.3 刚性桩施工方法应根据设计桩型、地质情况、施工环境、设备情况等综合选择，刚性桩沉桩或成孔应符合下列要求：

4 工程实践表明，实际桩长不足是导致刚性桩复合地基滑塌、沉降过大的主要原因之一。管桩采用封口型桩尖可以避免泥土进入管桩内，利于采用吊锤法检测桩长、采用孔内摄像检测接头质量。

6.5.5 刚性桩桩长确定应符合下列要求：

5 振动沉桩时桩周土受振动扰动严重，沉桩阻力与实际承载力差别较大，目前尚无成熟的停沉标准。为保证单桩竖向承载力，建议通过静载试验核实停沉标准。

6.6 气泡混合轻质土法

6.6.2 泡沫轻质土路堤施工应符合下列要求：

1 泡沫轻质土沉陷过大时，可能在浇筑区内出现“回”裂缝，并增大轻质土重度。

3 分仓面积与设备产能不匹配时，可能出现单层轻质土未在初凝时间内完成浇筑，导致已经初凝的泡沫轻质土受后续浇筑泡沫轻质土流动和挤压的影响而形成剪切裂缝及内部结构破坏。分仓面积使单层轻质土体积不大于单套设备1h产能（低温时面积更大些），通常能避免出现上述现象。

6 上下相邻浇筑层浇筑间隔时间太短时，可能导致大量气泡在某个点不断富集上浮形成蘑菇云状凸起。水泥强度等级越高，尤其早强型（R型）水泥，越容易出现这种蘑菇云现象。

6.7 过渡段软土地基处理

6.7.4 涵洞路段施工应符合下列要求：

6 挖掘机开挖桩两侧和前方的土方不易碰撞桩体导致其桩体断裂或倾斜，直接开挖桩后方的土体极易碰撞桩体，因此，不允许开挖桩后土体。

7 软土地基处理监测与检验

7.1 一般规定

7.1.1 不同软土地基路基的监测目的不同，软土地基路基监测目的通常有：

（1）评估路基稳定性，以保证路基稳定、快速地填筑。

（2）预测工后沉降、工后差异沉降折角等，以合理确定预压时间，指导路面加铺，确保行车安全性和舒适性。

（3）评价地基处理效果，验证设计与施工方案，优化设计或施工参数，实行动态设计、信息化施工。

（4）利用监测资料确定沉降土方数量。

（5）利用监测资料确定路基填筑厚度。

（6）评估路基对周围建（构）筑物、管线的影响，以免产生不可接受的影响。

（7）为科研提供监测资料。

其中第（1）、（2）条目的是路基监测的常见目的，也是应实现的目的。

7.1.3 各路段监测等级的划分标准。

（1）涉及软土路基的行业众多，各个行业关于路基等级、容许工后沉降、容许安全系数的规定不完全相同；不同工程的软土性质、软土厚度、路基高度、地基处理方法等千差万别。但是，软土地基路基的核心问题是路基稳定性和工后沉降，行业要求、路基等级等均可通过容许工后沉降体现，路基的高度、软土性质、软土厚度、地基处理方法均可通过路基稳定性体现，因此，将路基稳定性和容许工后沉降作为划分监测等级的主要依据。

（2）综合考虑下列因素，将采用排水固结法且计算沉降大于 3 倍容许工后沉降的路段列为一级监测路段。

①多条高速公路的监测经验表明，路基填筑速率受路基稳定性（施工监测）制约时，路基填筑施工期间完成的沉降与总沉降的比值通常大于 2/3；路基填筑速率不受路基稳定性（施工监测）制约时，路基填筑施工期间完成的沉降与总沉降之间的比值往往小于 2/3。因此，当计算沉降大于 3 倍容许工后沉降、路基稳定性较好时，路基快速填筑后直接施工上部结构极可能出现工后沉降超过容许工后沉降的情况。因此，对这种情况规定进行监测，以预测工后沉降、指导上部结构施工时间。

②由于以下原因，计算沉降可靠度不高，需要通过监测进行路基沉降预测：

a. 地质勘察难以全面准确地揭示各路段的地层情况，也难以准确给出反映真实状态的计算指标；

b. 沉降计算方法尚有许多不足之处；

c. 路基实际荷载往往与计算取值不一致。

（3）工程实践表明，由于对路堤下柔性桩复合地基、刚性桩复合地基的作用机理和破坏模式的认识尚不清晰，其设计理论尚不完善，设计、计算分析不能完全预判路基稳定，且施工质量往往难以完全达到设计要求，不少验算稳定的柔性桩复合地基、刚性桩复合地基路基发生滑塌事故。另一方面，柔性桩复合地基、刚性桩复合地基路基滑塌损失较大。因此，将路基高度超过路基极限填土高度、采用柔性桩复合地基或刚性桩复合地基处理的路段列为一级监测路段。

7.2 监测设计

7.2.3 监测断面设置的规定：

（1）大量路基滑塌事故表明，滑塌路段长度通常为50～100m，小于50m、大于100m的不多。为避免相邻监测断面之间的路基发生滑塌，对存在失稳风险的路段，监测断面间距不宜大于50m。

（2）设置过渡段路基的目的是实现工后沉降逐渐过渡，过渡段路基监测的目的是预测工后差异沉降，因此过渡段监测断面不应少于2个。

（3）监测断面通常与路基走向垂直。山间沟谷中的路基稳定性往往沿沟谷走向最不利，当路基走向与山间沟谷走向斜交时，路基稳定性最差的方向不与路基走向垂直。因此规定监测断面设置在稳定性最差的位置和方向。

7.2.8 C1.1路段路基填筑间歇期监测不应少于1次的原因如下：

（1）表面沉降、水平位移、孔隙水压力等监测项目变化有一定的连续性，表面沉降、水平位移、孔隙水压力等可能在路基填筑一层后2～3d内仍维持较大的增长速率，这种现象在路基稳定性差时更普遍、更明显。

（2）沉降速率包含不排水沉降速率和固结沉降速率，不排水沉降速率是评估路基稳定性的重要指标。为得到不排水沉降速率，通常需要在填筑间歇期监测表面沉降速率，将其近似作为固结沉降速率。

7.2.10 路基稳定性报警值的规定：

（1）工程实践中常用的路基稳定性报警值为：沉降速率10mm/d，位移速率5mm/d。但是不少路基沉降速率或位移速率大于上述报警值时仍稳定，部分路基沉降速率或位移速率小于上述报警值时却失稳。除了未区分地基处理方法外，未考虑加载速率、软土性质和厚度、路基宽度等因素的影响也是导致这种现象的重要原因。在研究了大量公路软土地基路基监测资料及多个滑塌工程的基础上，以工程经验为主，推荐了沉降速率报警值、水平位移速率报警值。

（2）散体材料桩复合地基的桩土沉降基本一致，复合地基沉降与天然地基沉降的比值近似等于桩间土承担荷载的比例，因此，散体材料桩复合地基路基的报警值宜取桩间土承担荷载的比例与天然地基或排水固结法路基报警值之积。

（3）滑塌工程调查、离心模型试验均表明，柔性桩、刚性桩主要通过桩顶反力和桩侧负摩擦力减小路堤作用于桩间土的荷载而提高路基稳定性，可称之减荷桩。刚性桩常见破坏模式有受弯断裂、倾斜等，柔性桩还会发生桩身压碎、桩身剪切等破坏模式。采用柔性桩复合地基或刚性桩复合地基的路基失稳过程是个渐进性过程，初始阶段是桩身受弯断裂、桩身压碎、桩身倾斜、桩身剪切等，在上述过程中桩间土承担荷载不断增大，最终导致桩间土失稳。因此复合地基路基失稳时的沉降和水平位移接近天然地基在极限荷载下产生的沉降和水平位移，可将路基极限填土高度对应的天然地基的沉降作为桩间沉降的稳定报警值。

7.2.12 沉降板采用反挖法埋设易于保证测杆竖直、牢固。

7.2.13 分层沉降监测装置埋设的规定应符合下述要求：

（1）分层沉降埋设时沉降环之间泥球回填密实对沉降环位置稳定并与地基土沉降相同非常重要，相对可靠的埋设方法为：

①每个沉降环下方分层沉降管与孔壁之间的空隙采用直径为 5～10mm 的风干泥球充填，并利用长度为 1～2m、管径与沉降环基本相同、顶端栓系尼龙绳或铅丝的送环钢管将泥球充填密实、顶面水平；

②沉降环簧片采用橡皮筋收拢，并用尼龙绳系住橡皮筋。沉降环簧片朝下沉放到位后，利用送环钢管压住沉降环并通过尼龙绳拉断橡皮筋，然后利用送环钢管冲击沉降环 2～3 下，使沉降环簧片插入孔壁土体并保持沉降环水平。

（2）分层沉降管的沉降小于地表面沉降，对于真空联合堆载预压路段，如果分层沉降管处不预留密封膜，会导致此处密封膜受拉破裂。

7.2.15 孔隙水压力计埋设应符合下列规定：

（1）埋设前孔隙水压力计在空气中的温度与埋设后在地下水中的温度不同，地下水温度随着季节也发生一定变化。温度变化对孔隙水压力测试结果有一定影响，因此宜采用具有温度测试功能的电测式孔隙水压力计。

（2）孔隙水压力计存放半年以上的目的是消除加工应力、装备应力对测头性能的影响，否则测头可能产生零漂，导致初始频率随时间变化、测头重复性差，这些往往不能通过标定发现。

7.2.16 采用挖坑法埋设土压力盒利于避免路基填筑时导致土压力盒压力过大；挖坑边长或直径不小于坑深的 3 倍的目的是减少土拱效应的影响。

7.2.19 利用测斜管监测深层位移时，每次监测均可得到测斜管的位置曲线，该位置曲线与测斜管的初始位置曲线的水平距离就是测斜管的位移。

深层位移可采用两种计算方法：

（1）每次监测得到的位置曲线与初始曲线相减。

（2）对位移增量进行累加。

第一种方法可减少误差累积。当测斜仪不稳定、更换过测斜仪或者更换过测斜管时，第一种方法可能出现较大误差，此时应采用第二种方法。

7.2.20 只绘制时间—沉降等过程线不便于分析监测结果合理性、路基稳定性等，因此应绘制时间—沉降和荷载等关系曲线。分层沉降或深层沉降绘制图 7-1 所示的荷载、深度—分层沉降关系曲线更利于分析地基沉降分布和发展规律。

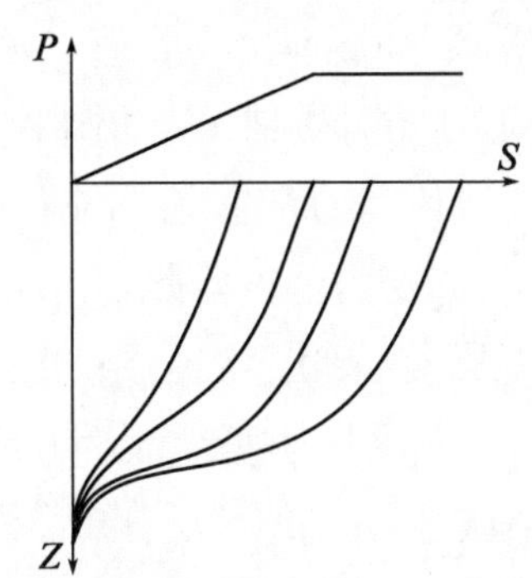

图 7-1　荷载、深度—分层沉降关系曲线

7.2.22 通常情况下路基填筑一层产生的沉降、水平位移 1d 内就完成了，但有时填筑一层后沉降、水平位移持续 2～3d，虽然沉降速率、水平位移速率小于报警值，但是仍可能发生滑塌事故。现行国家标准《海岸软土地基堤坝工程技术规范》（GB/T 50943）对沉降速率和位移速率的连续 3d 累计值提出报警值也是基于相同的原因。因此，提出连续多天的沉降速率或位移速率达到一定数值时也应进行报警。时间越长，固结变形速率所占比重越大，因此要求连续多天的监测指标之和大于报警值。

8　试验工程

8.1　一般规定

8.1.1　由于软土的特殊工程性质，软土地基处理方案的制订受多种因素的影响，包括：软土性质、软土层厚度及分布、路堤高度、道路要求（与公路等级对应的工后沉降标准要求）、处理路段（桥头路段，涵洞、通道、山区沟谷地段，新老路基衔接段等）、工程环境（周围环境对施工的限制）、材料、工期、工程投资以及施工队伍的技术水平等。实际工程中这些因素存在各种情况的组合，而且可能会有难以避免的不利组合，可能会影响路基安全，因此，要求对于采用新方法、新技术、新工艺、新材料、新设备时，以及复杂的软土路段，通过试验工程，对软土地基的处理方案和施工工艺进行验证，并可为完善设计或变更设计提供依据，为后期大规模施工提供经验或指导。对软土分布广泛的工程，应选择合适的试验工程进行先期施工。试验工程应进行地基竖向变形、侧向位移、孔隙水压力、地下水位等项目的监测，并进行原位十字板剪切试验和室内土工试验。应根据监测数据确定加载速率控制指标、推算土的固结系数、固结度及最终竖向变形等，对原设计进行修正或调整。

8.1.4　软土的固结和强度增长有一个时间过程，地基受施工扰动后强度与结构的恢复也需要时间：采用竖向排水体预压时一般需要6个月，采用复合地基处理预压时一般需要3个月。根据理论计算，采用竖向排水体预压时，4m高的路堤荷载下，地基固结度达到80%～90%，预压期一般需要6～12个月，再考虑开展试验工程研究的时间及应有一定的深度。因此，要求预压时间应大于6个月、观测时间不应少于1年半。

8.2　试验工程设计

8.2.1　由于软土地基工程地质条件复杂多变，及勘探点布设密度等问题，即使勘察阶段已经按第4章的要求查明了沿线软土的成形类型、分布、工程性质，也只能使每个试验段具体方案的设计和观测仪器设备的埋设与具体的地层条件和土体力学参数大致对应。因此，允许在进行试验工程设计前，在已有地质勘察资料的基础上进行补充勘察和测试。

8.2.2 应采用成熟的检测、监测方法和手段，若开发或引进新的检测、监测方法和手段，应进行调研并结合工程开展对比性试验。应在地基处理前后、路基填筑过程中、路基填筑后、预压期内、预压期末等分别进行检测。通常在地基处理、路基填筑过程中监测频率大，预压期监测频率小。